现代汉语情状副词研究

刘 琉 编著

化学工业出版社
·北 京·

内容简介

本书对现代汉语副词大类中的小类即情状副词作了全面观察和分析。该类词语义虚化程度低，且优势分布是作状语修饰动词，将这类词归入副词，书中给出了较为详细的分析和说明，在此基础上明确了该类词在词汇系统以及副词大类中的地位。本书从构词特征及表达两个层面对该类词进行了分类研究，对该类词的来源、发展、分布、搭配作了详细分析，并对该类词的副词化机制加以探索。本书为现代汉语副词研究者厘清了情状副词的范围和分类，可供高等学校汉语言学、汉语言文学、应用语言学等相关专业师生、汉语言研究学者、爱好者参考。

图书在版编目（CIP）数据

现代汉语情状副词研究 / 刘琉编著．—北京：化学工业出版社，2023.5
ISBN 978-7-122-43030-4

Ⅰ．①现…　Ⅱ．①刘…　Ⅲ．①现代汉语－副词－研究
Ⅳ．①H146.2

中国国家版本馆CIP数据核字（2023）第039632号

责任编辑：郝英华　　文字编辑：陈立媛
责任校对：边　涛　　装帧设计：溢思视觉设计 / 姚艺

出版发行：化学工业出版社（北京市东城区青年湖南街13号　邮政编码100011）
印　　装：涿州市般润文化传播有限公司
710mm×1000mm　1/16　印张$10^3/_4$　字数116千字　2023年9月北京第1版第1次印刷

购书咨询：010-64518888　　售后服务：010-64518899
网　　址：http://www.cip.com.cn
凡购买本书，如有缺损质量问题，本社销售中心负责调换。

定　　价：88.00元

前言

随着语言的发展，人们对语言表达精确性和生动性的要求不断提高，在此背景下，情状副词在新的语言机制推动下不断扩充新成员，有的已经为大众所接受，被收入词典，有的已经初露端倪或正在形成中。编者于2011年获得汉语言文字学博士学位，博士论文题目是《现代汉语情状副词》。此后，去澳大利亚悉尼大学学习，2018年获得了第二个博士学位，博士论文融合了文学、语言学、表演学研究方式。回到南京工业大学海外教育学院工作后，科研中尝试用跨学科视角继续研究现代汉语情状副词。此书以编者的博士论文《现代汉语情状副词》为基础凝练而成，篇幅为原文的一半，内容紧凑。

本书以功能主义语言学思想为指导对现代汉语副词大类中的小类即情状副词作了全面观察和分析，从构词特征以及表达两个层面对该类词进行了分类研究，进而探索了其副词化机制。全书共分6章，第1章和第2章为情状副词划出大概的范围，厘清和名词、动词、形容词的关系，指出名词、动词、形容词向情状副词发展过程的差异性；第3章和第5章探索情状副词的结构特征和形成来源、表达功能和语义特点相互之间的联系；第4章发掘情状副词在搭配关系中呈现出的固化趋势；第6章总结出情状副词的发展趋势和动因。这本书不但为现代汉语副词爱好者厘清了情状副词的范围和分类，且避开了副词长久以来的虚实之争，有助于他们在现代汉语副词研究的道路上继续前行。汉语言学、汉语言文学和应用语言学本科专业的中国学生和留学生都可以阅读此书，这有助于他们进入相关学术研究领域。

书中语料来源说明：本书中出现的现代汉语和古代汉语例句95%以上来源于北京大学语料库，极少部分语料来源于百度网、人民网的搜索结果，为了区别开两种不同的语料来源，后者来源的例句都标明了出处。为了科学地作出判断，本书采用了统计语用频率的方法，统计依据有两个：现代汉语层面是北京大学语料库中的语料。在判定情状副词发展方向的时候需要统计民国时期的语言使用情况，这时统计的依据是陕西师范大学的汉籍检索系统中搜集的60部作品。具体统计操作如下：就某个词而言，如果其有效例句超过800句，那么只随机抽取其中的800句作为统计依据；如果少于800句，那么就依据实际有效例句数目进行统计。特殊情况下，在统计同类别成员的语用情况时，为了体现语料数量的一致性，均随机抽取500个有效例句。这种情况，文中会特别标出。

编者的汉语言文字学博士导师是上海师范大学的张谊生教授，从论文选题、开题、答辩，再到本书的编写，都得到了张谊生教授的指点，以及同门师兄师姐的帮助；本书的出版受到南京工业大学海外教育学院的大力支持；我的家人们在本书的编写过程中给予了全力支持。在此，编者致以诚挚的谢意！

由于语言本身的动态发展及语言学研究的日新月异，以及限于编者自身水平，本书难免存在不妥之处，敬请读者批评指正。

目录

1 情状副词的性质和命名

“大力”“高速”“共同”这类词是汉语词库中比较常用的一类词，其语义实在，优势分布是充当状语修饰动词，紧邻并黏附于所修饰动词，基本唯状。这类词应该按照词汇义的虚实程度归入实词，还是依据其唯状的句法分布归入虚词呢？这类词和唯定的区别词是什么关系呢？本章就这些问题展开讨论。吕叔湘（1979）提出：“高速”“稳步”“大力”这类词从结构上看很像非谓形容词，但是经常修饰动词，很难修饰名词，是不是该归入副词？朱德熙（1982）认为这类词兼属区别词和副词。陈一（1989）认为现代汉语中只能作修饰语的词可依据其所修饰成分的性质分为多功能与单功能两类，“高速”“稳步”“大力”类属于后者，可称为“状态词”或“动词前加词”。此外，王政红（1989）、李铁范（2005）、郑潇潇（2008）等学者也认为这类词是专职动词前加词，和专职名词前加词即区别词处于同一级别。陆丙甫（1983/1992）、钱乃容（1990）等学者认为这类词应该另立新类，但是他们将这类词归为“非谓形容词”小类。与此同时，也有部分学者认为“高速”“稳步”“大力”这类词毫无疑问应该归入副词。胡明扬（1996）认为这些词是形式上像非谓形容词且只能作状语的一批新兴副词，是欧化现象；张谊生（2000）认为过多的分类不利于对词类的认识，因此也改变了自己于1995年发表的将该类词另立新类的学术观点，支持将这部分词留在副词中，并称之为“描摹性副词”，撇开了对该类词长久以来的虚实之争。李泉（1996/2000）、李梅（2001）、史金生（2002）、杨一飞（2007）等都将这类词归入了副词。

笔记

1.1 “大力”“共同”等词的归属问题

汉语副词是一类特殊的词，其外延模糊，句法功能多样，表义功能差异大。因此，副词的性质和划分一直存有争议。笔者认同张谊生（2000）提出的以词的句法功能为依据，同时以词的词汇意义为基础的汉语副词界定原则；同时，充分考虑到袁毓林（1995）提出的观点，即在给词分类时要充分注意到词的优势分布和劣势分布的差别。因此，笔者认为副词的优势分布是充当状语修饰动词，语义必须实在但要背景化，凸显所修饰动词的语义。“大力”“高速”“共同”这类词成员不少，如“纵步”“稳步”“从宽”“快快”“全力”“大肆”等，这些词符合笔者提出的对副词的界定原则，具体分析如下。“纵步”“稳步”等6个词的句法分布情况见表1-1。

表1-1 “纵步”等词的句法分布情况

情状副词	句法功能分布比例			
	谓语	介宾 / 宾语	定语	状语
纵步	17%	14%	/	69%
稳步	/	/	/	100%
从宽	35%	/	/	65%
快快	1%	/	/	99%
全力	/	22%	/	78%
大肆	/	/	0.3%	99.7%

笔记

表1-1显示，“纵步”“稳步”“从宽”等6个词中，除了“稳步”是100%充当状语外，其他5个词有2 ~ 3种分布情况，但都是状语分布占优势，比例不低于65%。这6个词在状语位置上皆修饰动词，词汇义实在，着重描述动作发生时的方式或情形。例如，“纵步跳”“从宽认定”“全力资助”中，“纵步”“从宽”“全力”分别描述“跳”“认定”“资助”的发生方式，可转换为“以纵步的方式跳”“以从宽的立场认定”“以全力加以资助”。同样，“稳步前进”“快快返回”“大肆挥霍”中“稳步”“快快”“大肆”分别表示动作“前进”“返回”“挥霍”的发生方式或情形。因此，从优势分布和语义来看，这6个词符合笔者对副词提出的限定要求。

笔记

1.2 副词的内部分类

副词的虚实两面性是副词虚实之争长期存在的原因。若将副词归入虚词，那么仍有“纵步”“从宽”“共同”等词汇义实在，且可以独立充当句子成分的词不符合虚词的特征；若将副词归入实词，那么“也”“就”“才”等词汇意义虚化、仅表语法意义的词就不符合实词的特征。笔者认为，按照虚化程度的高低把副词认定为一个由虚到实的连续统比较合理。如何界定一个副词虚化程度的高低呢？具体判断标准如下：

（1）分布

虚化程度低的副词除了充当状语，还可以充当主语、谓语、宾语/介词宾语以及定语；虚化程度高的副词仅充当状语。以“冷眼”“终身”“其实”“终于”为例，这4个词的优势分布都是作状语，比例分别为73%、48%、100%、100%。其中“冷眼”因为语义实在，还可充当宾语、谓语、主语、介词宾语，其作主语、宾语、介词宾语的分布比例之和为24%，谓语分布比例为3%。同理，“终身”还可充当定语、宾语和补语，其宾语的分布比例为6%，补语的分布比例为18%，定语的分布比例为28%。通过以上比较可发现，“冷眼”“终身”的语义虚化程度较低，句法分布多样化；“其实”“终于”语义虚化程度高，句法分布唯状。

笔记

（2）搭配

虚化程度低的副词作状语时搭配动词；而虚化程度高的副词不但可以搭配动词，还可以独立使用充当整个句子的状语。以“大踏步”和“大都”为例，“大踏步”89%的分布是充当状语，且黏附于所搭配动词，一旦脱离动词，其副词性质就不稳定，变成名词或名词性短语。“大都”作状语时与动词的紧密度不高，可远离动词位于句子主语的前面或后面充当状语，也可位于句首充当整个句子的状语。通过以上比较可发现，“大踏步”和动词紧密度高，不能远离动词，在句子中的位置单一；“大都”和动词关系松散，可以远离动词，在句子中的位置相对灵活。

（3）表义

虚化程度低的副词词汇意义实在，侧重描摹客观事实；虚化程度高的副词词汇意义空泛，侧重评述客观事实，即对事实作出主观判断和评价，如“也”表示说话人比较客观事实后得出的主观判断，“难道”表示说话人对客观事实表示质疑的态度。以“快步”“裹足”“确实”“早就”为例，前面两个词的词汇意义具体，作状语时重在描摹事实，后面两个词的词汇意义虚化，重在评价事实。如“裹足不前”中，“裹足”通过转喻表示不能向前迈进的状态好似人的脚被包缠而不能动弹。“快步行走”中“快步”是对“行走”的直接描摹，表示用较快的步伐行走。“确实”和“早就”由于词汇意义虚化，脱离语句后不能表达明确的语义，侧重表达说话人对客观事实的主观情感和评价，如“参加这个会议确实很荣幸”中，“确实”强调说话人对参会事件的主观感受是“荣

笔记

幸”。再如，“他早就不是我爷爷那一代的人”中，“早就”表达说话人对“他不属于爷爷那一代人”这个事实的肯定判断。可见，“确实”和“早就”的功能不在于对事实的描摹，而在于对事实的评述。

通过以上分析可发现，依据副词虚化程度的高低对副词成员进行排列，就形成一个连续统。副词连续统的两端分别是虚化程度最低和最高的成员，其分布特征、与动词的紧密程度以及表义特征详见表1-2。

表1-2 副词连续统两端成员的特征

虚化程度	语义特征	分布特征	句中位置	和动词关系	表义特征
最低	实在且背景化	多样且状语分布占优势	单一	紧密	描摹动作
最高	空泛	唯状	灵活	松散	评述事件

依据表1-2，“冷眼”“终身”“大踏步”“快步”“裹足”属于虚化程度低的副词，因为这5个词语义实在，优势分布是修饰动词作状语，黏附于动词，描摹动作的方式或状态。“其实”“终于”“大都”“确实”“早就”属于虚化程度高的副词，因为语义空泛，不能直接描述动作或者事件的情况、状态，更适合评述事件，在句中的位置也相对灵活。

笔记

1.3 “情状副词”名称的选择

笔者将副词连续统中虚化程度低的副词成员统称为“情状副词”，如上文提到的“冷眼”“终身”“大踏步”等。对于这类词，学者们已经赋予了它们不少名称，详见表1-3。

表1-3 虚化程度低的副词成员名称

分类	命名学者	名称
归入副词	胡裕树、史金生	情状副词
	李泉、杨一飞	实义副词
	李梅	情方词
	张谊生（2000）	描摹性副词 / 实副词
	张亚军	描状副词
	钱如玉	情态副词
另立新类	陆炳甫、钱乃荣	唯状形容词
	陈一	状态词
	张谊生（1995）	状词
	李铁范	方式词

笔记

从表1-3中看出，有学者认为这类词应该归入副词，也有学者认为应该将其另立新类。吕叔湘（1979）提出："全速""高速""稳步""大力"等词是不是该归入副词？朱德熙（1982）认为这些词兼属区别词和副词。陈一（1989）、王政红（1989）、张谊生（1995）、李铁范（2005）、郑潇潇（2008）等学者主张将该类词另立新类，并赋予新的名称，如"状态词""状词""方式词"等。陆丙甫（1983/1992）、钱乃荣（1990）在主张另立新类的基础上将该类词归入了非谓形容词，并称其为"唯状形容词"。同时，也有学者认为这类词就是副词。胡明扬（1996）、李泉（1996）、张谊生（2000）、李梅（2001）、史金生（2002）、杨一飞（2007）等认为该类词是副词小类，赋予的名称有"描状副词""情态副词""实义副词"等。值得注意的是，张谊生（2000）认为过多的分类不利于副词研究，因此改变了自己1995年提出的另立新类的观点，将这部分词留在了副词中，并称其为"描摹性副词"。

笔者认为以上提及的名称不能同时体现出"高速""稳步""大力"这类词的分布特征及表义功能。李泉（2001）和杨一飞（2007）使用的名称"实义副词"仅表明该类词语义虚化程度低，但不能展现其因语义实在而对所修饰动词加以描摹的功能，而这恰恰就是该类词最值得关注的表义功能。李梅（2001）的"情方词（情态、方式副词）"、张谊生（2000）的"描摹性副词"、张亚军（2002）的"描状副词"，虽然能体现出该类词的表义功能，但都有不足："情方词"不能明确这类词的副词性质，"描摹性副词"不能明确描摹的对象是所修饰动词还是句中其他成分，"描状副词"会让人将其误解为专门描摹状态的副词小类。钱如玉（2005）使用的

笔记

“情态副词”已经被很多辞书使用，特指表示情态的副词小类。张谊生（2010）使用的“实副词”是相对“虚副词”而言的，是根据副词语义的虚实程度对副词的划分，然而语义的虚实划分没有客观统一的标准，特别是处于由实向虚变化阶段的词很难用“虚”“实”界定。

笔者选用胡裕树（1962）及史金生（2002）使用的“情状副词”这个名称。史金生（2002）依据《现代汉语词典》中对“情状”的解释确立了“情状副词”这个名称。“情状”表示“情形”或者“状况”，这正是虚化程度低的副词凭借其实在的语义所描摹的具体内容，非常贴合该类副词的表义功能。笔者认为这个名称不但能够表现出该类词的性质是副词，且能展现出该类副词描摹的对象是动作或事件的情形和状况。

笔记

1.4 情状副词的词类地位

情状副词应该归入实词，和区别词并列位于加词的下位。

首先，情状副词的重要来源是实词。名词的语义同时具备属性义、空间义、情状义。在定语位置上，名词突出了属性义，其空间义和情状义被弱化。名词在状语位置上突出的是情状义，空间义、属性义被弱化。名词接受量词短语修饰时，突出的是空间义，属性义和情状义被弱化。因此，状语位置上的名词，其语义并没有变化或虚化，只是凸显的表义面改变了。同理，动词、形容词也如此。名词和动词一般充当句子主语、谓语、宾语、定语，在这些句法位置上，其语义实在。然而当它们出现在状语位置上时，语义虽然也实在，但受到状语位置的限制，语义背景化，具体表现为名词语义的空间性和动词语义的时间性减弱。名词和动词随着在状语位置上出现频率的增加，向情状副词转化的可能性加大。形容词一般充当句子的谓语、定语和状语，随着充当状语的频率不断增加，形容词的属性义、程度义、时间义随之弱化，转化为情状副词的可能性随之增加。以“放眼”为例，“放眼望去”和“放眼大江南北”中“放眼”分别作状语和谓语。前者中“放眼”突出方式义，表示动作“望”是以放开视野的方式发生的，这时的“放眼”仍然具备动作义，但因为处于状语位置而弱化。后者中“放眼”充当谓语，突出的是动作义，表达的就是“望”这个具体动作，其方式义“以放眼

笔记

的方式”受谓语位置限制而弱化。以上两个位置上的“放眼”，语义没有发生改变，只是凸显的表义面不同。

其次，“类词缀+N”（N指名词）式新兴三音节情状副词的语义实在，应归入实词。“类词缀+N”式三音节情状副词的形成受到英语词汇构词方式的影响，其中N的语义实在，是整个三音节词语的语义和功能中心。以类词缀“高”为例，“高+N”类三音节情状副词有“高水平”“高效率”“高速度”“高强度”“高质量”等。类词缀“高”的语义扩展，囊括了“大”“高”“快”等义项，搭配双音节名词“水平”“效率”“速度”“强度”“质量”，因此整个三音节情状副词不但具备实在的语义，而且表达出比N更明确的语义。

最后，情状副词和区别词非常接近。情状副词和区别词有差异，也有相似处，就这一点，学者们早有研究。陈一（1989）提出专职的动词前加词与只能作名词修饰语的非谓形容词有某些类似之处，它们都以修饰某一特定词类为基本功能，而且都能进入“是……的”框架结构。张谊生（2000）也提到副词和区别词的兼类，既是归属和关系最为紧邻的兼类，也是功能和语义最为相近的兼类。笔者也认为情状副词和区别词极为相近，因此，应该归入实词。具体分析如下：

① 来源相似。实词是情状副词的重要来源，也是区别词的重要来源。李宇明（1996）提出非谓形容词的空间性、程度性和时间性的值都几近于零，其处在名、动、形三大词类的交界点上，与名、动、形三个词类的构词方式相仿但词性有差异。杨一飞（2008）认为情状副词和区别词一样处于名、动、形三类词的交界点上，是词义由实变虚的一个中间状态。张素玲（2003）、李铁范（2005）也提到区别词和情状副词在产生方式上有很多相似之处。

笔记

② 功能相似。情状副词和区别词都是修饰词。张谊生（2000）指出情状副词的优势分布是修饰动词作状语，同时也有非状分布；区别词的优势分布是修饰名词作定语。张素玲（2003）详细罗列了区别词展现出的非定分布。然而，这些非状、非定分布都不影响情状副词和区别词的主要职责，即分别修饰动词和名词。

③ 归属相同。情状副词和区别词都归入了单功能加词，两者在语义不变的情况下可以互相转换。情状副词只充当状语修饰动词，唯状；区别词只充当定语修饰名词，唯定。因此，两类词不可能有兼类情况存在，都是单功能加词（笔者在第2章的第4节中详细论述这个问题）。在此基础上，张谊生（2010）认为两类词在充当状语和定语时，语义上是同一义项，差异在于侧重点不同，情状副词凸显情状义，区别词凸显属性义。

情状副词归入实词，副词大类将连接词汇系统的虚、实两部分，形成一个连续统。这样有利于避开长久以来的副词虚实之争，也能体现出副词虚实两面性的特点。

笔记

1.5 小结

“大力”“共同”这类词的词义虚化程度低且优势分布是修饰动词充当状语，依据优势分布划分词类，该类词应归入副词。此类词语义实在，重在描摹所修饰动词的动作方式和情形，因此称其为“情状副词”比较合适。情状副词的重要来源是实词，新兴三音节“类词缀+N”式情状副词语义明确，且情状副词和区别词极为相似，因此情状副词应归为实词。情状副词的实词地位促使副词大类连接词语系统的虚实两端，避开了副词长久以来的虚实之争，这有利于加深对汉语词汇系统的认识和研究。

笔记

2 情状副词的范围和词类地位

汉语词库中有多少个情状副词？学者们对情状副词数量的认定结果差异较大。陈一（1989）列举了400个，王政红（1989）列举了200个左右，张谊生（1995）列举了353个，李梅（2001）认为有138个，史金生（2002）列举了637个，李铁范（2005）归纳了528个，杨一飞（2007）认为有627个。文全明（2009）所列举的介宾式情状副词中有24个从未被其他学者列举过，如“挨户”“乘风”“从实”等。张谊生（2009）比较了《现代汉语词典》（第5版）和《现代汉语规范词典》（第2版）（李行健）两本词典收录的副词，发现相差475个，其中不乏情状副词。学者们对情状副词界定标准的差异直接导致各家收录的情状副词的成员和数量有差异，比如“忽然”“骤然”一般归入时间副词，张谊生（2007）认为其表情状重于表时间，所以将它们归入情状副词。更重要的是，情状副词属半开放型词类，不断虚化的实词走了进来，不断虚化的情状副词也走了出去。由此可见，情状副词的数量不容易确定。

实词是情状副词的主要来源，因此，要为情状副词圈定明确的范围，就要先给出界定实词和情状副词兼类的标准。确定兼类的标准有两个：一是具备两类词的语法特征，分属不同的功能范畴；二是不同功能之间的词汇意义密切相关。确定兼类的过程中需要注意的是要和词类活用区分开来。界定词类活用的标准有两个：一是句法功能的转变是临时的；二是不同功能间的意义具有内在联系。如果一个词在不同句法位置上的语义没有变化，就不算作兼类；但如果变化太

笔记

大以至完全不同，那么就是同形词，也不是兼类词。兼类词在不同句法位置上的语义应该是密切相关的。

何为密切相关？李铁范（2005）认为“口头”不是名词和情状副词的兼类词，但“暗中”是。因为主语和状语位置上的“口头”语义相近，而“暗中”在宾语和状语位置上的意义发生了很大改变，分别为“黑暗中”和“背地里、私下里”。笔者却认为“口头”是名词和情状副词的兼类。在第1章中已经讨论过，情状副词和实词相比，其词汇意义可能没有发生变化，仅仅是凸显了表情状的语义面而弱化了其他语义面，因此，在辨别情状副词和实词兼类时，名词、动词和形容词在状语位置上凸显了方式义应该算作语义发生了改变，符合兼类词的判定标准，即词汇意义密切相关。据此，状语位置上的“口头”表示“以口头的方式……”，凸显方式义，与主语位置上的“口头”语义密切相关，因此应归入情状副词。

语法功能主要指充当句法成分的能力、词与词的组合能力、词的黏附能力。一个词充当某句法成分的能力可以通过该词的句法分布频率加以判断。张伯江（1994）提到认为词从临时活用，到常见活用，到兼类，再到同形词的过程形成了连续统。笔者认同该观点，并认为一个词从活用到同形词的变化过程可以通过其句法的优势分布显现出来。举例来说，一个实词充当状语直接修饰动词的分布频率若小于10%，则归入实词临时活用为情状副词；若分布频率在20% ~ 80%之间，则归入实词和情状副词兼类；若分布频率在80%以上，则归入情状副词。这样的

笔记

划分标准未必完美，但有利于确定实词和情状副词兼类的范围。

本章共分5个部分，首先，讨论双音节名词、动词向情状副词转化以及形容词转化为情状副词的情况。接着，讨论情状副词和区别词的关系。最后，总结出实词和情状副词兼类成员的发展趋势与情状副词的词类地位。

笔记

2.1 名词和情状副词兼类

名词能否作状语？有学者认为名词不能作状语。朱德熙在《语法讲义》和《语法问答》中明确了名词不能作状语，该观点有利于词类划分，做到“类有定职，职有定类”。然而语言事实中存在名词作状语的情况，因此部分学者认为名词可以作状语。黄伯荣、廖序东主编的《现代汉语》中认为大部分名词不能直接修饰动词作状语，少数名词，如“历史”“部分”“本能”可以后附“地”作状语。部分学者认为名词可以先参与构成偏正短语然后再作状语，如“磨盘大的石头”，但这种名词作状语的情况不在本书研究范围之内。孙德金（1995）讨论了名词作状语的情况，认为现代汉语中名词作状语是古代汉语用法的遗留，并从状语和谓语动词间的语义关系分析发现古代汉语中名词作状语的目的是表示动作行为的方式、范围、工具和依据。李铁范（2005）筛选出了“直线”“曲线”“暗中”“友情”“全力”“掌声”6个名词和情状副词兼类的词。杨一飞（2007）圈定了55个名词和情状副词兼类的词，并指出名词向情状副词发展过程中句法位置的转变是关键，状语位置上名词的空间义消解及其情状义固化的途径是“紧缩”。

笔记

2.1.1 兼类词的数量和分类

杨一飞（2007）统计和筛选了孙德金（1995）圈定的56个可以直接作状语的名词以及张谊生（2000）圈定的460个情状副词，最终确定了55个名词和情状副词兼类的词（见附录1）。需要说明的是，这55个兼类词中的“正色”和“托词”在古代汉语中是动宾结构短语，并非名词，因此不在本书讨论范围之内（详见3.2）。笔者依据第1章提出的兼类界定标准，重新筛选了孙德金（1995）认定的60个可以作状语的名词以及张谊生（2010）《现代汉语副词范围统计对照表》中的所有副词，最终确定了68个名词和情状副词兼类的词（见附录9），如“科技”“协议”“暴力”“高压”等。笔者圈定的这68个兼类词中，部分可以修饰名化动词，即有名词性质的动词，部分可以进入介词结构“在……下/中/上”修饰表指称且具备名词特征的动词，这两种分布所反映的本质是一致的。此外，还有部分兼类词可以进入“是……的”结构构成合成谓语。按照能否修饰名化动词，能否进入“是……的”结构构成合成谓语这两个标准，笔者对这68个兼类词进行分类，结果如下所示（A指能修饰名化动词，-A指不能修饰名化动词，B指能进入“是……的”结构构成合成谓语，-B指不能进入“是……的”结构构成合成谓语，&指同时具备两种情况）：

① A&B（该类词属性义最强）：口头、书面、志愿、义务、根本、整体、局部、全部、明码、横向、纵向、暴力、高压、内部、本能、表面、微观、正面。

② A&-B：手工、武力、现场、大举、批量、慢速、科技、协议、现金、暗中、侧面、苦心。

笔记

③ -A&B：背后、低声、深情、真心。

④ -A&-B（该类词属性义最弱）：正步、尖声、厉声、悄声、大声、小声、低声、曼声、假意、满口、一语、冷眼、怒目、正眼、前脚、后脚、好言、满心、假心、厉色、明文、死力、全数、全速、明令、暗里、高声、轻声、细声、柔声、恶言、恶语、妙手、次第。

一个词修饰名化动词或与“是……的”结构构成合成谓语突出的都是该词的属性义。以上4类词中，第一类（A&B）既能修饰名化动词，又能与“是……的”结构构成合成谓语的18个词属性义最强，第四类（-A&-B）既不能修饰名化动词，又不能与“是……的”结构构成合成谓语的34个词属性义最弱。

名词可以受量词短语修饰，68个兼类词与量词短语的组合能力如何？笔者做了如下分类：

① 能与个体量词组合（该类词空间性最强）：志愿、义务、侧面、根本、整体、局部、恶言、恶语、妙手、托词、协议、前脚、真心、现场、表面、正面、本能、怒目。

② 能与集合量词组合：武力、好言、苦心、正色、现金、假意、深情。

③ 能与种类量词组合：手工、暴力。

④ 无法与量词组合（该类词空间性最弱）：口头、书面、暗中、背后、全部、正步、尖声、厉声、曼声、悄声、大声、小声、低声、高声、轻声、细声、柔声、次第、一语、冷眼、正眼、后脚、满口、厉色、明文、批量、死力、全数、全速、慢速、明码、明令、横向、纵向、暗里、科技、高压、内部、微观、满心、假心。

笔记

能否接受名量词的修饰是衡量一个名词语义空间性强弱的标准。李宇明（1996）提出能和个体量词组合的名词具有最强的空间性，只能和种类量词组合的名词空间性最弱，名词一旦不能和量词组合就会丧失空间性。据此，以上4类词中，第一类能接受个体量词修饰的兼类词语义空间性最强，语义空间性最弱的是不能和量词搭配的第四类词。统计发现，68个兼类词中，约60%不能和名量词组合，约10%可以和集合量词或种类量词组合，约30%可以和个体量词组合。

2.1.2 兼类词的来源和形成

名词和情状副词兼类的词表现出名词的分布特征，可以充当主语、宾语、定语和介词宾语，可以接受量词的修饰。同时，这类词也表现出情状副词的分布特征，即作状语修饰动词。名词向情状副词转化的过程中，名词的句法分布特征减弱，但可能会长期表现出来。以情状副词“苦心”为例，在古代汉语中该词有25%左右的情况用作名词，接受量词短语修饰，充当宾语，如“一片苦心，不得已而言之”“伏求堂上大人鉴此苦心”，其余情况充当状语修饰动词，如“苦心辅国”。现代汉语中，“苦心”用作名词的比例下降到15%。

句法位置的转变是名词向情状副词转变的重要原因。名词指称的是客观事物，必然有空间性特征；名词代表的事物必定具有某种属性，因此也具有属性义。名词充当状语修饰动词，其空间性弱化，属性义突出但背景化，用以描摹动

笔记

作的方式或状态。以名词“义务”为例，“义务有五项”和“一个义务”中，“义务”可以和个体量词搭配，凸显空间性。在“义务服务”中，“义务”圈定了服务的类别，属性义凸显。当“义务”充当状语描摹动作方式时，属性义仍然存在，但以修饰动词为中心而背景化了，用以突出动作的情状，如“义务劳动”中“义务”仍然有属性义，说明“劳动”不是有偿进行的，但“义务”的属性义为了更好地描述动作方式而背景化了，表示以履行义务活动的方式进行。当“义务劳动”转变为“劳动是义务的”后，“义务”的属性义就不再背景化了。

介词或介词结构的脱落也是名词转变为情状副词的动因之一。以“全力”和“长时间”为例，在“以全力投入”和“在长时间内滚动”中，介词“以”和介词结构“在……内”分别搭配名词“全力”“长时间”共同描摹动作发生时的状态和方式。当介词或介词结构脱落后，“全力”和“长时间”就吸收了介词的凭借义，单独充当状语描摹动作的情状。在“全力投入”和“长时间滚动”中，“全力”和“长时间”表方式义。统计发现，现代汉语中“以全力”的出现频率是0.8%，“在长时间内”的出现频率是0.1%。古代汉语中，“以全力”的出现频率高达15%。“以全力”从古代汉语中15%的出现频率到现代汉语中0.8%的出现频率，整个变化过程就是名词“全力”吸收“以”的凭借义转向情状副词的过程。据统计，“短时间”搭配“(在)……内/里”的使用比例为70%左右，如“在短时间内进行大面积搜索”，但“短时间”直接作状语的比例不足2%，如“短时间确认”，这说明“短时间”还未吸收介词结构“(在)……内/里”的语义直接充当状语。

笔记

2.2 情状副词和动词

孙德金（1997）考察了动词直接作状语修饰动词的5种结构关系，认为动词修饰动词作状语时，前动词主要从方式、状态、过程、时间四个方面修饰后动词，并列举了78个可以直接作状语修饰动词的双音节动词。此外，他还提出动词修饰动词的时候，前后动词音节数是相同的，如“保守估计”“承包经营”。笔者认为双音节动词还可以通过后附“地”“而”“相”等助词来修饰单音节动词，如“刮目相看”“混合而成”。

杨一飞（2007）根据张谊生（2000）列举出的情状副词，筛选出70个左右具有动词功能的兼类词，并指出在结构紧缩和句法位置的双重作用下，动词在功能上转向情状副词。

2.2.1 兼类词的范围及分类

孙德金（1997）列出了78个可以作状语修饰动词的动词。笔者在78个动词中确定了27个动词和情状副词兼类的词，分别为：补充、步行、持续、重复、独立、跟踪、放手、放心、分工、分类、封闭、公开、滚动、加快、加速、交叉、交替、联合、冒险、强制、突击、协商、延期、预约、抓紧、

笔记

综合、保守。杨一飞（2007）列出了72个动词和情状副词兼类的词（附录2）。笔者筛选了张谊生（2010）的《现代汉语副词范围统计对照表》，追加了17个兼类成员，分别是：趁手、趁早、趁空、当面、顺道、顺风、随军、随团、沿街、沿路、就手、挨个、挨门、乘风、冒死、拼命、迎风。最终，笔者确定了116个动词和情状副词兼类的词（附录10）。这116个兼类词中，70%以上的成员是动宾结构和介宾结构，其余约30%为偏正、主谓、并列、动补结构。按照结构性质，以上兼类词分类如下：

① 动宾结构：跟踪、放手、放心、分工、分类、加速、冒险、延期、放步、举步、信步、纵步、应声、缄口、侧耳、充耳、比肩、并肩、扼腕、联手、袖手、携手、闭目、侧目、放眼、刮目、纵目、定神、凝神、屏息、屈膝、昂首、俯首、翘首、决意、潜心、无心、着意、纵情、决计、屈尊、舍命、矢志、居功、居家、凭栏、托病、联名、冒名、抢先、仗势、驱车、勠力、尽力、奋力、赤膊、击节、联袂、埋头、冒死、拼命、迎风。

② 介宾结构：照常、照例、照样、顺路、趁手、趁早、趁空、当面、顺道、顺风、随军、随团、沿街、沿路、就手、挨个、挨门、乘风。

③ 主谓结构：鱼跃、蜂拥、龟缩、冰消。

④ 并列结构：补充、持续、重复、联合、综合、辗转、协商、放任、保守、封闭。

⑤ 偏正结构：步行、滚动、预约、突击、强制、徒步、直言、并排、并行、漫天、相依、相映、厉行、相安、穿梭、轮流、阔步、平步、快步、漫步。

⑥ 动补结构：抓紧、加快。

笔记

2.2.2 兼类词的分布和形成

动词和情状副词兼类的词可以充当谓语和状语，修饰名化动词，进入“在……中”结构，也可以和“是……的”结构构成合成谓语，这里不再举例赘述。这些兼类词修饰动词时以不加“地”为常态，当谓语动词为单音节时，加“地”或“而”是常态，如“蜂拥而至”“迎风而唱”。

“动词+动词”构成两种性质的短语，分别是连动结构和状中结构。连动结构中前动词的时间性和动作性很强，与后动词的关系相对松散。在动作发出者的生命度降低或者缺失的情况下，前动词语义的时间性和动作性都大大减弱，因此成为后动词的语义背景，前动词转而修饰后动词成为状语，连动结构随之变为状中结构。以动词“伴随”为例，“伴随”指示延续性的陪伴动作，其语义具有很强的时间性和动作性，如“伴随降雨”“伴随着降雨”“伴随过我登上领奖台”“伴随了他的一生”。“伴随”后附“着”强调动作的延续，后附“过”和“了”强调动作已经完成。“伴随”的时间性还可以通过介词结构“在……下”凸显，如“在鲜花、掌声和闪光灯的伴随下”。“伴随”与动词连用构成连动结构“V1+V2”，其中动作V1“伴随”和动作V2表示两个连续的或同时进行的动作，中间可以加入表示递进关系的“并”“且”凸显连动关系，如“伴随并激励着”。

当连动结构“V1+V2”中的V1转为修饰V2的时候，连动结构变为状中结构。以动词和情状副词兼类的词“跟踪”为例，谓语位置上的“跟踪”具备时间性和动作性，可以后接“了”“着”，也可以后接宾语，如“跟踪了”“跟踪

笔记

着”“跟踪小偷”。与动词“追击”构成的连动结构“跟踪追击”中，“跟踪”和后动词的关系不太紧密，可以扩充为“不但跟踪而且追击”，逻辑主语做出了“跟踪”和“追击”两个动作。当逻辑主语生命度降低甚至缺失时，“跟踪”就不能再表示具体动作了，“跟踪”的动作性降低且背景化，转而表示“以跟踪的方式”修饰后动词，连动结构也随之变为状中结构。

从动词发展来的情状副词会表现出动词的句法特征。以情状副词“联袂”为例，其主要充当状语修饰动词，表示动作是以联同合作的方式发生的，如“联袂参展”“联袂演出”。“联袂”仍可以充当谓语，如“两个表演团体联袂”，这样的用例不多，仅占9.6%。谓语位置上的“联袂”接受动量词的修饰，如“一次联袂”。古代汉语中，“联袂”也作谓语和状语，且作谓语是优势分布，如“市北肩舆每联袂”“紫绶行联袂”；作状语的用例较少，如“联袂进宫”。不难发现，现代汉语中“联袂”的动词用法是古代汉语动词“联袂”用法的遗留。

情状副词的同形词需要仔细鉴别。以“充耳”为例，现代汉语中情状副词“充耳”和动词“闻”搭配使用的频率高达90%以上，这时“充耳”表示以塞住耳朵的方式。“充耳”也充当谓语，用例仅占1.1%，如“拍马赞誉之辞充耳”。“充耳”还可以充当定语、主语，占比2.8%，如“面对充耳的赞誉”“充耳是雷声雨声涛声”。以上三个例句中的“充耳”是动宾结构，表示满耳听到的（声音），与前面讨论的情状副词“充耳”在语义层面没有联系，两者属于同形词。古代汉语中，“充耳”也可作谓语和状语，如“在位大臣充耳结舌”“老道却充耳不闻”。这两例中“充耳”都与现代汉语中

笔记

情状副词“充耳”语义一致。可见，现代汉语中充当主语、谓语、定语的“充耳”和情状副词“充耳”为同形词。

讨论至此，不难发现名词和动词在向情状副词转化的过程中往往兼有两类词的特征，呈现出两种以上句法功能。不同的是，形容词在向情状副词发展的过程表现为句法功能的专一化，当形容词的多种句法功能减少到只充当状语时，就完成了副词化进程。

笔记

2.3 情状副词和形容词

邢福义（1981）提出作状语的双音节形容词如果能前加程度副词“很”，且能进入“是……的”结构，则仍是形容词，否则归入副词。在此基础上，李铁范（2005）依据情状副词只能修饰动词这一特征，圈定出14个形容词和情状副词兼类的词。形容词有程度性，可以接受程度副词的修饰，这是形容词最重要的特征，也是和情状副词最根本的区别。然而，形容词和部分情状副词都可以进入“是……的”结构。张谊生（2000）认为能够和“是……的”构成合成谓语的情状副词在功能上和形容词很接近，需要将二者区分开。杨一飞（2007）认为既可以自由作状语又可以在句中充当谓语或受程度副词修饰的词是形容词，只能在句中充当状语且不能受程度副词修饰的词是情状副词，两类词没有兼类情况。笔者认为存在情状副词兼形容词的情况，但不存在形容词兼情状副词的情况。形容词和情状副词都可以作状语，但充当状语是情状副词的基本功能。形容词可能随着句法功能的专一化（作状语）而转为情状副词。为界定形容词和情状副词并圈定它们的兼类，笔者以邢福义（1981）和李铁范（2005）提出的标准为基础，进一步提出以下三个界定标准：① 形容词修饰动词作状语的比例高于80%时，认定其是情状副词。② 形容词修饰动词作状语的比例和不作状语的比例相差10%以内时，认定其是情状副词兼形容词，即情状副词&形容

笔记

词。不存在形容词兼情状副词，即形容词&情状副词的情况。③ 形容词修饰动词作状语的比例低于20%时，认定其是形容词。

2.3.1 兼类词的范围和分布

李铁范（2005）对第二版《现代汉语语法信息词典详解》中的形容词词库做了筛选，认为1473个形容词中有184个能直接作状语（附录3），其中“分散”“直接”“凑巧”“顺口”“特别”“迅猛”“一般”直接作状语时意义完全转化为方式义，是形容词和方式词兼类的词（“方式词”同“情状副词”）。笔者通过统计以上7个词的句法分布频率进一步筛选，结果显示“分散”直接修饰动词和名词的比例分别达到25%和4%，因此是形容词和双功能加词（双功能加词是兼有情状副词和区别词功能的词）兼类的词。“直接”直接修饰动词和名词的比例是78%和4%，是双功能加词。“凑巧”充当谓语和补语的比例之和达到90%以上，是形容词。另外，根据《现代汉语词典》的解释，“顺口”是副词。“特别”“一般”的语义已经虚化，主要表评述，不属于情状副词范畴。因此李铁范（2005）认定的7个形容词和情状副词兼类的词中只有“迅猛”符合情状副词和形容词兼类的要求。

以上184个形容词中直接修饰动词作状语在语用情况中占比20% ~ 80%之间的有83个，是情状副词&形容词（附录11）。以上这些兼类词可能进一步副词化为专职情状副词。

笔记

形容词&情状副词的情况是不存在的，这是由两类词的句法分布特征决定的。以形容词“黯然”和情状副词“大肆”为例，古代汉语中“黯然”作谓语的比例为22%，如“黯然良久”“神色黯然”。“黯然”在78%的情况下都作状语，如“黯然而行”“黯然道”。现代汉语中，“黯然”约有3%的情况是作定语，如“黯然的泪水”，有15%左右的情况是作谓语，如“成绩黯然”，其余情况是作状语，如“黯然失色”“黯然辞职”。“黯然”接受程度副词的修饰，如“很黯然”“最黯然”。情状副词“大肆”在古代汉语中作谓语的比例为3.2%左右，如“俱不得大肆”“不敢大肆”，其余情况“大肆”都是作状语，如“大肆杀掠”“大肆掳掠”。现代汉语中“大肆”仅有0.3%的比例作定语修饰名化动词，如“加以大肆渲染”，其他情况都是充当状语，如“大肆鼓吹”。对比发现，形容词“黯然”和情状副词“大肆”在古代汉语中都只有谓语和状语分布，且状语分布占优势。现代汉语中，形容词“黯然”虽然状语分布占绝对优势，但又多出了定语和宾语两种分布。情状副词“大肆”的谓语分布在现代汉语中消失，分布唯状。从以上分析不难发现，依据句法分布特征来认定词性时，界定形容词的标准包含了界定情状副词的标准，因此不存在形容词兼类情状副词的情况。

2.3.2 从形容词转向情状副词

形容词的状态义、属性义、程度义分别通过作谓语、定

笔记

语和接受程度副词修饰表现出来，在状语位置上修饰动词时，程度义消失，状态义和属性义转为表情状，描述动作发出时的方式或状态。形容词作谓语时有较强的状态义，后附“着”“了”可以凸显，如“棋子分散着”“人们恍惚着”“惊慌了”“孩子们虚心了”，助词“着”表示分散和恍惚状态的持续，“了”表示惊慌和虚心状态的开始和持续。“分散”“恍惚”“惊慌”“虚心”这四个词充当谓语的频率分别为28%、28%、21%、13.9%。作状语修饰动词时，状态义减弱，方式义凸显，如“分散贮存”“恍惚地流连”“惊慌地跑”“虚心听取”。“分散贮存”表示贮存的方式是分散的，“惊慌地跑”表示跑的状态是惊慌的。形容词充当定语时凸显属性义，以上4个词充当定语的频率分别是16%、5%、9%、2.3%，如“几个分散的圆圈”“几丝恍惚的神色”“惊慌的人们”“虚心的人”。“分散”和“恍惚”分别表示几个圆圈的位置关系，反映出恍惚心理的神色。形容词语义有程度性，可以接受程度副词修饰，但情状副词没有程度性。以上4个词接受程度副词“太”“非常”“很”或程度短语“有（一）点/些”修饰的频率分别是1.2%、3.4%、4.6%、1.8%，如“很分散”“有点恍惚了”“太惊慌”“非常虚心”。笔者统计分析得出，“分散”“恍惚”和“惊慌”3个词是情状副词&形容词，“虚心”是双功能加词。四个词的状语分布都占优势，分别达到56%、67%、70%、82%；同时四个词充当谓语和定语的比例之和分别达到44%、33%、30%、13.9%，皆可接受程度副词修饰。其中“虚心”的副词化程度最高，“分散”的副词化程度最低。

笔记

2.4 情状副词和区别词

李宇明（1996）认为区别词的空间性、程度性、时间性的值几乎为零，处在名、动、形三大词类的交界点上。李铁范（2005）指出情状副词和区别词在分布上有互补性，在构成和性质上有相似性，并以吕叔湘、饶长溶《试论非谓形容词》（1981）中列出的467个区别词为对象，确定了一批区别词和情状副词兼类的词。杨一飞（2007）认为名、动、形三类词的空间义、时间义、程度义降至最低而情状义上升时，就会转向情状副词。这一点和区别词非常相似，因此两类词的兼类情况普遍存在，且有区别词向情状副词发展的趋势。此外他还圈定了84个情状副词和区别词兼类的词。

与此同时，也有学者认为情状副词和区别词不存在兼类情况。宋柔（2008）认为词类句法功能和搭配关系的描写要主次分明和准确，并将动词划分为功能单一的谓语动词、功能居中的谓语动词和多功能谓语动词。同理，笔者认为加词可以准确划分为单功能加词和双功能加词。单功能加词包括唯定加词（即区别词）和唯状加词（即情状副词）。双功能加词包括唯定加词兼唯状加词、唯状加词兼唯定加词。唯定加词兼唯状加词的定语和状语分布之和必须大于80%，且定语的分布高于状语，状语的分布不少于10%。唯状加词兼唯定加词的状语和定语分布之和必须大于80%，且状语的分布高于定语，定语的分布不少于10%。单功能加词和双功能加词

笔记

都可以和其他词类，如名、动、形兼类。如“义务”的区别词分布是12%，情状副词分布是30%，定语、主语、宾语的分布分别是10%、11%、37%，那么“义务”是名词兼双功能加词。张谊生（2010）将同时具备定状分布的词归为前加词中的副词兼区别词，并提出这种兼类和副词兼动词、副词兼名词的性质完全不同。副词兼区别词是具有同一上位词的不同下位分布，两类词的语义相同、功能相近，而且两者之间是双向发展，即区别词转向副词或副词转向区别词。不同的是，副词兼动词、副词兼名词中两类词语义相近、功能不同，两者之间是单向发展，即实词转向虚词。

2.4.1 双功能加词的范围和分类

双功能加词即区别词兼情状副词和情状副词兼区别词。李铁范（2005）列出52个兼类词（见附录4），笔者初步筛选发现，其中“长期”的状语分布占98%，笔者将其认定为情状副词，不是双功能加词。此外，52个兼类词中的“傻”和“野”为单音节词，不在本节的研究范围内。最终，笔者在52个兼类词中首次筛选出49个双功能加词。杨一飞（2007）列出兼类词84个，笔者对比上文筛选出的49个兼类词，发现只有30个重合，其余19个兼类词中“一应”“终日”“终天”“终年”“时下”“长期”“私下”“预先”都不是情状副词，“平日”“平素”的区别词和情状副词用法皆不突出，不是双功能加词。笔者将这10个词剔除出本书的研究范围，19

笔记

个词中剩余的9个认定为双功能加词。这样，在之前确定的84个双功能加词的基础上再增加9个，本书总共确定93个双功能加词（附录5）。

李铁范（2005）认为情状副词和区别词的构造方式相似，即在同一词根的基础上构造一系列的词，如情状副词X自、X手、X速、X力、X步、X然、顺X，区别词X型、X等、X式、X性、X级、X色、单X。本书选定的93个双功能加词确实体现出这种构词方式，类似于附缀式双音节词，如X期（短期、定期、中期）、超X（超龄、超期、超速、超高速）、X价（高价、议价、平价、廉价、低价）、当X（当面、当年、当下、当时）、终X（终天、终年、终日）、成X（成片、成倍、成批）、X速（快速、高速、超速、慢速）、多XX（多视角、多渠道、多角度、多方位、多层次、多侧面、多途径、多视角、多形式）、大XX（大规模、大面积、大范围、大剂量、大运动量、大强度）。笔者发现以X然、X色、X型、X式（除了“正式”）为构词基础的双音节词数量众多，但没有都进入本书中选定的93个双功能加词。笔者认为这是由于“然”“色”“式”“型”从语义上限定了整个词的性质走向，如X然中的“然”表示X状态的稳固，因此X然很难转变自身语义来表情状。同理，X色、X型、X式中“色”“型”“式”固定了X的属性义，很难再转而表情状义。

情状副词修饰动词的时候突出表现的是情状义，当修饰名化动词或进入“是……的”“在……上/中/下”结构中时被凸显出来。93个双功能加词都可以修饰名化动词或进入介词结构“在……上/中/下”，如“在他的即兴谈话中”，其中89个词可以进入“是……的”结构构成合成谓语，如“聪明不是天生的”。这89个词分别是：大量、大批、单方面、当

笔记

时、等价、相对、一贯、硬性、永久、真正、正式、直接、廉价、临时、全部、全局、人为、少量、书面、短期、多方面、额外、非法、非正式、高价、高速、共同、畸形、加倍、间接、绝对、头等、同等、专门、初步、即兴、局部、平价、议价、自发、天生、适时、快速、整个、非法、终身、忘我、无限、无偿、最后、最初、最终、相对、任意、全盘、定点、定量、横向、纵向、连锁、有意识、小批量、多渠道、多途径、多视角、多形式、高速度、大剂量、大运动量、大强度、长距离、单层次、等距离、近距离、远距离、多方位、多层次、大批量、长时间、多侧面、全方位、粗线条、无条件、大规模、大面积、大范围、高效率、高水平、创造性。

双功能加词的主要分布特征是作定语和状语。因为各自来源不同，因此双功能加词会表现出来源词具备的非定非状分布，如现代汉语中双功能加词“永久”有1%左右的谓语和宾语的句法分布，这是“永久”在古代汉语中用法的保留。双功能加词可以同类连用，也可以和单功能加词连用，如“高效率、高质量和价格优势”“大规模人为空气污染”。这两例分别是双功能加词“高质量”“高效率”连用，双功能加词“大规模”和单功能加词“人为”连用。

2.4.2 双功能加词的来源和形成

笔记

双功能加词的来源有三种：实词、单功能加词（即区别词和情状副词）、新兴三音节附缀式情状副词。情状副词和区别词都是修饰词，两者功能的转变取决于所修饰成分的性质。如果区别词修饰的名词转而表陈述，那么该区别词就可能从活用为情状副词发展为双功能加词或情状副词。同理，如果情状副词修饰的动词转而表指称，那么该情状副词可能从活用为区别词发展为双功能加词或区别词。可见，区别词和情状副词之间的发展是双向的。首先，是从区别词演变而来的双功能加词。如“少量”，该词在古代汉语中仅修饰名词，没有修饰动词的用法，在现代汉语中有定语分布，如“少量家禽”“少量投资”，这里的“少量”分别修饰名词“家禽”和“投资”，表示数量少。“投资”可用作名词或动词，当“投资”表动作时，“少量”仍然可以修饰“投资”，如“进行少量投资”，该句中“少量”表现出方式义“以小数量的形式……（进行）”，情状副词的性质显现出来。接着，当虚化动词“进行”脱落后，“少量”的方式义更加凸显，直接修饰动词，如“少量移栽”，向情状副词转化。现在汉语中“少量”的状语分布比例仅为7%左右，远少于定语分布比例，因此“少量”是双功能加词中的区别词&情状副词。“少量”能否继续副词化为情状副词？这是目前无法判断的。

其次，是从情状副词转化来的双功能加词。修饰名化动词是单功能加词转向双功能加词的关键。以“快速”为例，该词在古代汉语中就以修饰动词为主，语用占比为66%，如“快速西归”。此外，它还可以作宾语和谓语，如“有如此快速”“极其快速”。现代汉语中“快速”修饰动词，用作情状副词，如“快速签名”，句中“快速”表示签名动作非常快。“快速”修饰名化动词，如“在快速的对攻中”，句中“快速”修饰虚化动词“对攻”，表示对攻是快速度完成的。动词“对攻”进入“在……中”后名词化表指称，引发“快速”修饰

笔记

名词用作区别词的可能性。再如“赢得快速发展”，该句中“快速发展”是复合宾语，“发展”在这里表指称，“快速”表示其属性。由此，现代汉语中“快速”增加了区别词功能。“快速”直接修饰名词作定语仅占3%左右，如“快速船舶”，“船舶”是名词，“快速”表示该船舶的航行运行类型，速度快或者航行期间不停留，直达目的地，是区别词。“快速”用作区别词的比例远小于情状副词，由此可见，“快速”属于双功能加词中的情状副词兼区别词（情状副词&区别词）。

再次，是新兴的三音节情状副词，如大××、高××，在形成之初就是双功能加词。“大”和“高”是汉语中的新兴类词缀，与双音节名词构成的三音节词能修饰动词和名词，表现出双功能加词的特点。以“大剂量”为例，该词可以作状语表现方式义，也可以作定语表属性义，如“大剂量服用”“大剂量安眠药”。前例中“大剂量”表示服用药物的方式是以药物数量多为特征的，后例仅表示安眠药的数量多。“大剂量”作定语和状语的比例分别为72%和28%，是双功能加词。

最后，是从实词而来的双功能加词。名、动、形三类词在虚化过程中，部分成员经历双功能加词这个阶段，但这不是实词虚化的必经阶段。以“同步”为例，古代汉语中“同步”是动词，54%的情况作谓语，如“三人同步金阶之上”“与之同步中庭”。“同步”位于连动结构前项的比例为46%，如“同步前来”“同步到”。现代汉语中，“同步”充当定语和状语的比例之和为90%左右，无疑是双功能加词，如“同步卫星”“同步提高”，“同步”分别表示卫星的运行性质和“提高”这一动作的方式。由于“同步”是从动词而来的双功能加词，因此仍然保留了动词的分布特征。“同步”有

笔记

10%左右的分布是作谓语，如“和混乱同步”。笔者统计发现，本书列举的实词和情状副词兼类的词中，由名、动、形直接转化为双功能加词的有23个，分别是口头、书面、根本、全部、满口、内部、微观、武力、慢速、科技、协议、横向、纵向、暴力、安全、周密、简略、全面、严密、公平、短暂、分类、冒险。

笔者发现，情状副词可以向双功能加词发展，也可以维持单功能加词性质不变。双功能加词定状分布比例可能维持不变，也可能颠倒变化。以“头等”“就近”“一贯”“满心”4个词为例，进行民国时期（语料库见附录14）和当代（北大语料库）语用情况统计，结果见表2-1（单^{1}指区别词，单^{2}指情状副词，双^{1}指区别词&情状副词，双^{2}指情状副词&区别词）。

表2-1 “头等”等词的民国时期、当代语用情况统计

例词	性质和发展	民国时期						当代			
		定语	主语	宾语	补语	谓语	状语	定语	宾语	谓语	状语
头等	单^{1}	81%	1%	18%	/	/	/	99.5%	0.5%	/	/
就近	双^{2}	6%	/	9%	1.5%	1.5%	82%	13%	/	3%	84%
一贯	双^{1}→双^{2}	82%	/	/	/	6%	12%	5%	/	2%	93%
满心	单^{2}→双^{2}	/	/	/	/	/	100%	12%	/	/	88%

笔记

表2-1中，民国时期语料统计显示“头等”是区别词，修饰名词作定语的分布占优势，为81%；“满心”是情状副词；“就近”和“一贯”是双功能加词，定语、状语分布之和都在90%左右。依据定状分布比例的高低判定“就近”是情状副词兼区别词，“一贯”是区别词兼情状副词。当代语料库统计情况显示“头等”分布近乎唯定，仍然是区别词；“满心”从唯状变成有定语和状语两种分布，从单功能加词发展为双功能加词；“就近”维持原状，仍是情状副词兼区别词；“一贯”状语和定语的分布比例发生了颠倒变化，从区别词兼情状副词转变成了情状副词兼区别词。

笔记

2.5 情状副词的发展轨迹和词类地位

情状副词的发展轨迹如何？笔者发现，情状副词的发展轨迹多样化。首先，追根溯源，找到源头。笔者统计了“冷眼”“放手”“暗里”“联手”“终身”“同步”6个词在古代汉语和现代汉语中的语用情况。其中，“冷眼”和“暗里”是名词和情状副词兼类的词，“放手”和“联手”是情状副词和动词兼类的词，“终身”“同步”是双功能加词。统计结果见表2-2。

表2-2 “冷眼”等词古代汉语和现代汉语语用情况统计

例词	古代汉语			现代汉语			
	状	主+宾+定	谓	状	主+宾+补	谓	定
冷眼	88%	/	12%	63%	24%	3%	/
暗里	65%	35%	/	43%	57%	/	/
放手	12%	/	88%	70%	/	30%	/
联手	43%	14%	43%	74%	/	26%	/
终身	31%	69% (49% 主+20% 补)	/	48%	24%	/	28%
同步	46%	/	54%	63%	/	10%	27%

笔记

表2-2显示，从古代汉语到现代汉语，“冷眼”和“暗里”的状语分布减少，“放手”“联手”“终身”的状语分布增加。“冷眼”“终身”“同步”分别新增了主语、宾语和定语的分布。笔者通过以上统计结果发现：① 情状副词可以发展为兼类情状副词。如“冷眼”，古代汉语中是典型副词，状语分布达到88%。现代汉语中“冷眼”状语分布比例降为63%，指称化后还可以充当主语、补语、宾语，总共占比24%。② 实词可发展为与情状副词兼类。如“联手”，古代汉语中宾语、定语的分布到现代汉语中却消失了，同时状语的比例增加到74%，成为与情状副词兼类的词语。③ 实词可成为双功能加词。如“终身”在现代汉语中增加了定语的分布，占比28%，同时作主语、宾语、定语的比例降到24%，作状语的比例增加到48%。很明显，“终身”向双功能加词的方向发展了。④ 情状副词的兼类性质保持稳定。如“暗里”，虽然状语分布的比例发生了变化，但是不影响其词类性质。

接着，预测未来。笔者根据情状副词的句法分布和表义特征来探索情状副词的发展趋势。笔者分析发现与情状副词兼类的成员会继续虚化为以表语法意义为主的虚副词。以“暗中”为例，该词为名词兼情状副词，表现出名词和情状副词的分布特征，如“暗中的等待”“在暗中作祟”，例中“暗中”分别作定语和介词宾语，表现出名词的特征。“暗中”可以作状语和修饰名化动词，如“暗中支持”“进行暗中保护”。“暗中”继续虚化，因此句法位置变得更加灵活，逐渐脱离谓语动词，独立于句外，相当于插入语，如“暗中却和英帝国主义相勾结”，该句中“暗中”和谓语动词“勾结”分离，中间加入副词“却”、介词短语“和英帝国主义”，以及单音节情状副词“相”。再如“暗中，他已有所察觉”。这两句中的

笔记

"暗中"都已经独立使用，修饰整个句子，负责对整个句子表达的事件进行评述。后句中的"暗中"还在篇章表达上有承上启下的作用，对前句进行解释。然而，"暗中"这样的篇章关联作用只是初露端倪，占比不足0.1%。同样，动词兼情状副词"趁早""当面"继续虚化后，除了有篇章关联功能，还能表达说话人的主观情绪，如"像你这么干，趁早，把各地部门都解散了""讲完请股东们提问，当面，递条子也可以"。"趁早"和"当面"在以上例句中都独立使用，不但有关联作用，还分别表现出说话人不满意的情绪和理直气壮的心理。

情状副词位于名、动、形三类词的交界点上。情状副词的语义没有呈现出空间性、动作性、程度性，和区别词类似。李宇明（1995）认为区别词的空间性、动作性和程度性降到最低，缺乏一个固定它的"锚"，容易向名词、动词、形容词游移。笔者认为情状副词同样如此。空间性强是名词的特征。第1章中已经讨论过：名词和情状副词兼类的词中有60%不能和名量词组合；10%可以和集合量词或种类量词组合；剩余30%的词可以和个体量词搭配，但其中有一半的词和个体量词搭配的语用比例低于5%。可见，空间性弱的名词一旦进入状语位置就很容易获取方式义游移到情状副词类别。动作性强是动词的特征。动词的动作性强弱由其逻辑主语生命度的高低来决定。动作的发出者生命度高，动词的动作性就强。动作的逻辑主语泛化时，动词仅表示概念性动作，此时动词的动作性降到最低。动作性低的动词一旦处于状语位置就很容易失去动作性转而表方式或状态。可见，动作性弱的动词更容易游移到情状副词。形容词和情状副词的根本区别在于前者表现出程度性，可以接受程度副词的修饰，程度性低的形容词更容易游移到情状副词。

笔记

2.6 小结

实词是情状副词的主要来源，空间性弱的名词、动作性弱的动词、程度性弱的形容词一旦处在状语位置就很可能向情状副词游移，因此出现了名词、动词、形容词与情状副词兼类的情况。因此，情状副词与区别词相似，都处于名、动、形三类词的交界点上，两类词都属于单功能加词，没有兼类情况。兼具情状副词和区别词特征的词是双功能加词。情状副词连接着词语系统的虚实两端，正因如此，副词大类横跨实词和虚词。

笔记

3 情状副词的构成特征分析

王政红（1989）研究发现情状副词的构成不外乎偏正、动宾和并列三种结构。张亚军（2002）在此基础上补充了补充式复合词和叠音式单纯词两种类型，指出单纯词是古代汉语用法的遗留；他还认为情状副词以双音节为主，三音节情状副词分为单音节形容词素加双音节名词素和三音节固定词组两种结构类型。史金生（2002）认为情状副词有动宾、定中、状中、并列、主谓、补充、重叠和递续八种结构类型，动宾式占了近50%。李梅（2001）指出双音节副词约占副词总数的75%，单音节和三音节的副词极少，三音节描摹性副词只有3个。张谊生（2000）、张亚军（2002）都提到了为数不多的单音节描摹性副词，但都没有展开讨论。李铁范（2005）认为单音节描摹性副词为数不多，并提出“大幅度”“远距离”这类三音节描摹性成分是短语，不是情状副词，只有“超远程”“超高速”“满负荷”等为数不多的三音节描摹性成分是情状副词。杨一飞（2007）研究发现受西方构词法的影响，描摹性副词中有100多个新兴三音节结构，且数量日益增长；此外，他还提到“落落然”“熙熙然”“惶惶然”“坦坦荡荡然”，由于使用频率降低已逐步退出情状副词行列。基于以上研究，笔者对双音节重叠式情状副词、双音节介宾式情状副词和“类词缀+N”式三音节情状副词进行了考察和分析。

笔记

3.1 双音节重叠式情状副词

双音节重叠式情状副词中有88%来源于古代汉语，受自身音节数和语义影响，充当状语时句法位置不自由。这些词对可搭配动词的选择比较严格，常不带“地”直接修饰双音节动词，约有54%的双音节重叠式情状副词修饰动词时有固定格式。

3.1.1 范围及分类

笔者讨论的双音节重叠式情状副词是指由两个相同语素构成的AA式情状副词。通过筛选李铁范（2006）、杨一飞（2007）、张谊生（2009）罗列出的情状副词和副词，笔者最终确定了59个双音节重叠式情状副词，分别是：源源、层层、节节、处处、默默、比比[1]、微微、纷纷、苦苦、偷偷、窃窃、切切、频频、明明、暗暗、屡屡、连连、累累、活活、白白、亟亟、多多、粗粗、徐徐、款款、美美、久久、迟迟、草草、冉冉、悄悄、狠狠、好好、一一、悻悻、耿耿、喋喋、姗姗、孜孜、怏怏、岌岌、碌碌、谆谆、津津、依依、团团、

笔记

隐隐、翩翩、泛泛、茕茕、惴惴、侃侃、缓缓、历历、细细、循循、斤斤、蠢蠢、比比[2]。按照重叠语素的性质，以上重叠式情状副词可以分为如下几类：

音节重叠：悄悄、耿耿、冉冉、喋喋、姗姗、孜孜、怏怏、岌岌、茕茕、碌碌、谆谆、蠢蠢、惴惴、津津、依依、比比[1]、斤斤、悻悻、侃侃。

形素重叠：暗暗、草草、迟迟、纷纷、久久、款款、徐徐、粗粗、多多、团团、隐隐、翩翩、泛泛、缓缓、狠狠、好好、美美、细细。

副素重叠：白白、活活、累累、连连、屡屡、明明、频频、切切、窃窃、苦苦、历历、亟亟、偷偷、微微。

动素重叠：比比[2]、默默、循循。

名素重叠：处处、源源。

数素重叠：一一。

量素重叠：节节、层层。

根据《现代汉语词典》（第7版）的收录情况，以上59个情状副词中有27个被认定为副词，分别是：源源、处处、默默、比比[1]、微微、纷纷、苦苦、偷偷、窃窃、切切、频频、明明、暗暗、屡屡、连连、活活、白白、款款、美美、久久、迟迟、草草、冉冉、悄悄、好好、一一、累累。有17个被认定为形容词，分别是：悻悻、耿耿、喋喋、姗姗、孜孜、怏怏、岌岌、碌碌、谆谆、津津、依依、团团、隐隐、翩翩、泛泛、亟亟、徐徐。笔者统计了这17个词的语用分布情况，发现17个词作状语直接修饰动词的比例都在70%以上，符合副词的界定标准，如“隐隐传来”“泛泛介绍”“团团包围”，笔者认定它们是情状副词。

笔者发现，这17个词和动词的搭配呈现固化趋势，如

笔记

“喋喋不休”“泛泛而谈”“泛泛而论”。“喋喋不休”在“喋喋”作状语的分布中占比94%，“泛泛而V”（V为动词）格式在“泛泛”作状语的分布中占25%。为此，笔者统计了这17个词作状语时修饰动词的固化情况，见表3-1。

表3-1 “耿耿”等词作状语修饰动词的固化情况

例句数(现/古)	非固化搭配中作状语(现)	固化搭配中作状语		
		现代汉语	古代汉语	固化搭配形式
耿耿 (782/558)	0.02%	42%	1.2%	耿耿于怀
悻悻 (261/189)	74%	12%	11%	悻悻而去/离去
喋喋 (440/116)	1%	94%	5%	喋喋不休
姗姗 (294/113)	5%	71%	16%	姗姗而来/来迟
孜孜 (1115/847)	8%	69%	6%	孜孜不倦
怏怏 (183/900)	56%	43%	6%	怏怏不乐/不快
岌岌 (269/238)	1%	83%	13%	岌岌可危
碌碌 (652/611)	0.3%	12%	0.3%	碌碌无为
谆谆 (418/346)	52%	39%	0.05%	谆谆教导
津津 (1372/188)	0.04%	42%	4.2%	津津乐道
依依 (834/1027)	16%	60%	12%	依依不舍
团团 (1503/361)	32%	24%	32%	团团围住
		21%	3%	团团转
隐隐 (606)	45%	/	/	/
翩翩 (706/820)	6%	42%	0.4%	翩翩起舞

笔记

续表

例句数(现/古)	非固化搭配中作状语(现)	固化搭配中作状语		
		现代汉语	古代汉语	固化搭配形式
泛泛 (331/260)	44%	25%	/	泛泛而谈/论
亟亟 (11/36)	73%	/	/	/
徐徐 (1391/897)	97%	/	/	/

表3-1显示，除了“隐隐”“亟亟”“徐徐”，其他14个词作状语修饰动词时皆出现了相对固定的搭配，这些固定搭配大部分来自古代汉语，“泛泛而谈/论”在古代汉语中没有出现，“碌碌无为”“谆谆教导”出现了，但是频率极低。

此外，笔者还圈定了14个准双音节重叠式情状副词，分别是：茕茕、惴惴、侃侃、缓缓、历历、循循、斤斤、蠢蠢、比比²、粗粗、多多、狠狠、节节、层层。这些词在古代汉语以及现代汉语中的语用情况见表3-2。

表3-2 “侃侃”等词作状语修饰动词的固化情况

例句数（现/古）	非固化搭配中作状语(现)	固化搭配中作状语		
		现代汉语	古代汉语	固化搭配
茕茕 (30/169)	10%	57%	4.7%	茕茕孑立
惴惴 (389/310)	5%	80%	5%	惴惴不安
侃侃 (490/340)	7%	82%	11%	侃侃而谈
缓缓 (3453)	93%	/	/	/
历历 (665/728)	3%	59%	5.4%	历历在目

笔记

续表

例句数（现/古）	非固化搭配中作状语（现）	固化搭配中作状语		
		现代汉语	古代汉语	固化搭配
循循（194/155）	6%	88%	16%	循循善诱
斤斤（266/99）	4%	83%	4%	斤斤计较
蠢蠢（132/157）	2%	89%	4%	蠢蠢欲动
比比[2]（954/207）	0.2%	75%	15%	比比皆是
粗粗（312/52）	65.4%	/	/	/
多多（1875/653）	13.5%	8.5%	7.8%	多多益善
狠狠（3247/190）	99%	/	/	/
节节（1246/319）	73.5%	15.3%	4.3%	节节败退
层层（5080/429）	85%	/	/	/

表3-2显示，这14个词作状语（包括固化搭配和非固化搭配）的分布比例较高，除了“多多”“节节”，几乎都超过60%。除了“粗粗”“狠狠”“层层”和“缓缓”，其他10个词作状语都出现了固化搭配，如“侃侃而谈”“蠢蠢欲动”，脱离固化搭配作状语的比例小，如“侃侃放论”“斤斤考较”“蠢蠢蠕动”。“侃侃”“斤斤”“蠢蠢”脱离固化搭配作状语的比例仅为7%、4%、2%。10个词所在的固化搭配在古代汉语中已出现，所占比例在4% ~ 16%之间，到了现代汉语，除“多多”和“节节”以外的8个词固化搭配所占比例均大幅提升，在57% ~ 89%之间。除“粗粗”“狠狠”“层层”“缓缓”“多多”“节节”以外的8个词虽然显示出情状副词的特征，但是它们与动词的搭配太单一，从发展的角度看，笔者称其为“准双音节重叠式情状副词”。

笔记

3.1.2 搭配特征

双音节重叠式情状副词修饰动词带“地”的情况不一致，对此，笔者做了统计，见表3-3。

表3-3 双音节重叠式情状副词带“地”情况统计

<table>
<tr><th></th><th>双音节重叠式情状副词</th><th>带“地”比例</th><th>词性</th></tr>
<tr><td rowspan="5">典型
(27 个)</td><td>默默 久久
(带“地”比例超过 50%)</td><td>51%、51%</td><td rowspan="5">副词</td></tr>
<tr><td>偷偷 美美
(带“地”比例在
20% ～ 50% 之间)</td><td>35%、43%</td></tr>
<tr><td>暗暗 好好 白白 款款 草草
(带“地”比例在
10% ～ 20% 之间)</td><td>16%、13%、
12%、16%、15%</td></tr>
<tr><td>微微 处处……
(带“地”比例少于 10%)</td><td>10%、0.4%……</td></tr>
<tr><td>比比[1] 累累
(必不带“地”)</td><td>0%、0%</td></tr>
<tr><td rowspan="4">非典型
(32 个)</td><td>悻悻
(带“地”比例超过 50%)</td><td>52%</td><td rowspan="4">形容词</td></tr>
<tr><td>怏怏 隐隐
(带“地”比例在
20% ～ 50% 之间)</td><td>24%、27%</td></tr>
<tr><td>泛泛 碌碌 津津……
(带“地”比例少于 20%)</td><td>18%、5%、
0.07%……</td></tr>
<tr><td>耿耿
(必不带“地”)</td><td>0%</td></tr>
</table>

表3-3显示，59个双音节重叠式情状副词中，“比比[1]”“累累”“耿耿”“茕茕”“循循”“斤斤”“蠢蠢”“比比[2]”等8个词修饰动词不带“地”。8个不带“地”的词中，“比比[1]”和“累累”多用于书面语，有很浓的文言色彩，如“比比失利”“累累失误”。其他6个不带“地”的词，由于受到固化搭配的影响，即使脱离短语单独作状语，也不带“地”，如“斤斤算计”“循循劝导”。

通过以上统计分析发现，双音节重叠式情状副词和所修饰动词构成的四音节短语固化现象普遍，选择动词的自由度不高。

3.1.3 对动词的选择

双音节重叠式情状副词搭配动词的情况各不相同，即使情状副词语义相近，所搭配的动词仍有区别。副词化程度较高的双音节重叠式情状副词表频率、程度和情态，其中表频率的双音节重叠式情状副词有：频频、连连、屡屡、节节、比比[1]、累累。“累累”和“比比[1]”常用作书面语，如“累累拖欠”“比比皆是”。“节节”搭配的动词语义为升降类或进退类，如“节节攀升”“节节败退”。“频频”“屡屡”“连连”搭配的动词范围较广，只要是有界动词基本都可以和这三个词搭配使用，对动词的语义没有特别限制，如“频频向我们使眼色”“屡屡投篮”“连连点头”，例句中的“使眼色”“投篮”“点头”都是可以无限重复的动作。表情态的双音节重叠式情状副词有“美美”“好好”“狠狠”。“狠狠”搭配的动词

笔记

语义包含“不如意”，如“打击”“训斥”“批评”“摔”等。而“美美”“好好”搭配的动词语义既包含“如意”的，也包含“不如意”的，如“逛”“休息”“享受”“收拾”“打”，如“美美（好好）收拾一顿”。表程度的双音节重叠式情状副词有“略略”“微微”。这两个词搭配的动词语义表幅度和程度，“略略”搭配的动词侧重表程度，“微微”搭配的动词侧重表幅度，如“略略/微微思索一下”“略略地/微微地四下打量”“微微/略略一笑”“微微/略略下垂”，例子中的“略略”和“微微”虽然可以互相替换，但是“略略”重在表达思索和打量的认真程度低，“微微”表示笑和下垂的幅度小，互换后语义稍微有变化。

前面已经讨论过，双音节重叠式情状副词和所修饰动词的搭配固化现象普遍。笔者发现，固化结构限制了双音节重叠式情状副词对动词的选择，如“窃窃”搭配的动词或动词短语中“私语”占75%，短语“窃窃私语”呈固化趋势，能进入固化格式“窃窃私V”的动词语义要和“说”有关，如“窃窃私议”“窃窃私笑”。“冉冉”修饰动词“升”构成短语“冉冉升起”，该结构在“冉冉”搭配动词所构成的短语中占65%，因此，与“冉冉”搭配的动词语义需和“升”有关，如“冉冉上升”“冉冉攀升”。“活活”修饰动词时基本都进入“活活V死”结构，如“活活饿死”“活活逼死”“活活冻死”“活活打死”。

以上观察的是副词化程度较高的双音节重叠式情状副词，接着我们观察副词化程度较低的32个双音节重叠式情状副词。“隐隐”“泛泛”“缓缓”所修饰的动词语义范围较宽，且和所修饰动词尚未形成使用频率较高的固化结构。“泛泛”修饰动词的搭配中16%是“泛泛而V”结构，呈现出固化趋

笔记

势，但不够稳固。“隐隐”搭配的动词语义表示人的感觉，如“隐隐听到”“隐隐看到”“隐隐感到”。“缓缓”搭配的动词只要具备速度义即可，如“走出”“行驶”“沉入”“滑行”等。“泛泛”多搭配单音节动词进入“泛泛而V”结构，如“泛泛而言”“泛泛而交”，其直接修饰双音节动词的情况极少，如“泛泛说过”，语用占比不到1%。“泛泛”搭配的动词具备表述义或认知义，比如“谈”“论”“说”“表示”“了解”“观察”“检查”等。除了上述3个词以外，其余20个情状副词对动词的选择在很大程度上受到已有固化搭配的影响，如“斤斤计较”和“津津乐道”是“斤斤”和“津津”修饰动词时形成的固化搭配，那么“斤斤”脱离“计较”修饰动词时，对动词的选择在语义上是有条件的，就是要和“计较”的语义相近，如“斤斤算计”。同理，“津津”脱离“乐道”修饰的动词在语义上要与“乐道”接近，如“津津称道”。

由于副词化程度低，多数双音节重叠式情状副词修饰动词时在句中的位置不灵活，一般不能脱离固化搭配自由选择动词。

3.1.4 表达功能

受到自身语素重叠构词方式的影响，双音节重叠式情状副词在描述动作状态时表现出说话人的多种感受和评价。“白白”“活活”表现出惋惜之情，如“清水白白流走”“活活烧死”，句中“白白”通过否定义强调水没有发挥作用就流走是很浪费的。“活活V死”中的“活”和“死”形成鲜

笔记

明对比，表现出说话人的惋惜之情。“美美”表现出满足愉悦之情，如“美美睡了一觉”，“美美”表达出说话人尽情享受的感觉。“翩翩”表达说话人对动作行为的评价，如“翩翩起舞”，选择“翩翩”来形容舞姿和走路的状态说明说话人觉得跳舞动作很轻快。“翩翩”修饰动词作状语的情况中，42%是“翩翩起舞”，这样“翩翩”很容易吸收“翩翩起舞”整个结构的语义，此后再修饰动词的时候，“翩翩”的语义就更为丰满，能表现出“翩翩起舞”的语义，如“翩翩而来”，表达出说话人觉得走路的步伐轻盈优美，好像跳舞一样。再如“岌岌震动”，“岌岌可危”是一个相对固定的词语，在有关“岌岌”的搭配中占比83%，这样“岌岌”就很容易吸收“岌岌可危”的语义，在单独使用修饰动词的时候即可表现出“岌岌可危”的语义，如“岌岌震动”，使用“岌岌”说明说话人对“震动”极度担心，这是说话人对动作事件的主观评价。这样的情况多发生在非典型双音节重叠式情状副词与动词的搭配中，因为它们修饰动词时形成的固化搭配使用频率高，更容易吸收整个短语的语义后再独立使用修饰动词，如“侃侃”吸收了“侃侃而谈”的语义，“孜孜”吸收了“孜孜不倦”的语义。

重叠式情状副词可表达说话人的意愿和请求的心态。“多多”修饰动词时突出表达说话人对听话人在行为方面的请求和意愿，如“多多宣传”“多多批评指正”“请多多关照”。再如“切切不可”“切切不能丢”的“切切”修饰动词时表示务必、一定，文言色彩浓郁，在古代汉语中有137个用例，在现代汉语中下降到40个用例，与其语义相近的副词“千万”“一定”在现代汉语中使用频率较高。

笔记

双音节重叠式情状副词可表达说话人对动作状态的强

调。如“偷偷潜入”“一一辨认每个人”，句中“潜入”已经表示偷偷地进入，“辨认每个人”也已经表达出一一地辨认所有人。因此，句中“偷偷”和“一一”都是说话人用来强调动作方式或状态的。由副素重叠形成的双音节重叠式情状副词有：白白、活活、累累、连连、屡屡、明明、频频、切切、窃窃、苦苦、历历、亟亟、偷偷、微微、略略。这些副素重叠后的副词语义没有改变，修饰动词时表达说话人对动作状态的强调。

双音节重叠式情状副词还有篇章联接功能。以“明明”为例，如“明明有100块钱，但他却说一分钱也没有”。“明明”吸收了“虽然”的语义，和“但”搭配表示转折关系。同样，“一一”吸收“因此”的语义后在句中表达因果关系，如“宋应星却把它看作是劳动人民创造的宝贵财富，一一记录在《天工开物》中，成了中国古代科学技术的名著。”因为宋应星非常重视劳动人民的技能，所以非常认真地逐条记录下来。因果关系由“一一”表现出来。

3.1.5 来源与发展

大多数重叠式情状副词来源于古代汉语。除了“好好”“美美”“活活”“白白”“明明”“偷偷”“缓缓”7个词以外，其他重叠式情状副词在古代汉语中已经出现了修饰动词表示动作的方式、状态的用例，如“源源而来”“连连执讯”。这7个词中“缓缓”尚未完成副词化，“好好”“美美”“活活”“白白”“明明”“偷偷”是形容词性语素重叠式情状副

笔记

词。其他51个源于古代汉语的重叠式情状副词的发展情况不尽相同。“累累”“亟亟”“比比^{1}”“切切”“冉冉”在古代汉语和现代汉语中修饰动词充当状语的例句数目比分别是：累累（312 ∶ 1）、亟亟（25 ∶ 6）、比比^{1}（181 ∶ 3）、切切（137 ∶ 40）、冉冉（776 ∶ 504）。可见，这5个词在现代汉语中用作状语的频率降低了，主要是因为这些情状副词自身文言色彩浓，在现代汉语中受语境限制，而且它们的近义词比较多，如“累累”的近义词有“连连”“屡屡”“频频”“比比^{1}”等。除以上5个词以外，其他46个重叠式情状副词充当状语修饰动词的使用频率是逐渐上升的。

总之，重叠式情状副词大多数来源于古代汉语，与所修饰动词形成的四音节搭配呈现出固化趋势。受自身构词方式的影响，重叠式情状副词不但可表示动作方式和状态，还可表达说话人的主观情感，部分词语也可梳理句子逻辑关系，使得上下文衔接更流畅。

笔记

3.2 双音节介宾式情状副词

张谊生（2000）列出了50多个介宾式副词，提出介宾结构的短语随着双音化的发展，部分演变成双音节前加词。徐朝红、易永娇（2007）阐释了“顺路”从介宾短语演变成复合词的过程。文全民（2009）描述了介宾式复合词的来源、类别、功能、形成机制，列举了72个介宾式副词（附录6）、14个介宾式副词与其他词类兼类的词（附录7）以及53个其他类别的介宾式复合词（附录8）。

3.2.1 分类和分布

该部分观察的是“介素+X”结构的双音节情状副词，介素的界定依据为《现代汉语词典》(第7版)。笔者筛选了文全民（2009）列出的86个介宾式副词，发现有12个限定性副词不在本书的研究范围之内；在文全民列出的53个非副词性质的复合词中确定了7个介宾式情状副词，分别为：随身、从宽、从速、从严、由衷、当日、当腰。在此基础上，笔者对照张谊生（2010）《现代汉语副词范围统计对照表》进行筛

笔记

选，确定了38个介宾式情状副词，分别是：就便、就地、就近、就势、就手、就中、就此、临机、临了、趁空、趁墒、乘胜、当堂、当庭、当胸、借机、借势、沿例、逐次、逐步、逐个、逐年、逐一、逐户、逐级、逐句、逐条、逐项、逐月、从小、从新、赶巧、劈手、顺序、顺嘴、随意、随机、随后。这样，笔者总共圈定了110个双音节介宾式情状副词。

按照构词方式，110个介宾式情状副词分为“介素+体词性语素”和“介素+非体词性语素”两类。现代汉语中，单音节且具备构词能力的介词数量有限，介宾式合成词中介素的数量也是有限的。文全民（2009）统计显示《应用汉语词典》和《现代汉语词典》收入的20个单音节介词分别为：按、趁、从、当、赶、劈、顺、随、为、沿、依、以、因、由、于、照、自、挨、乘、临。在此基础上，笔者根据《现代汉语词典》（第7版）再增添“借”“就”“逐”3个介词。这样，介宾式情状副词按照介素分类的结果如下：

介素+体词性语素：挨次 挨个 挨户 挨家 挨门 按理 按例 按年 按期 按月 趁机 趁势 趁手 趁空 趁墒 乘风 乘时 乘势 乘隙 乘兴 乘机 当场 当面 当众 当街 当头 当日 当腰 当堂 当庭 当胸 从头 劈脸 劈面 劈头 劈胸 劈手 顺次 顺道 顺口 顺势 顺水 顺风 顺脚 顺路 顺手 顺序 顺嘴 逐次 逐步 逐个 逐年 逐一 逐户 逐级 逐句 逐条 逐项 逐月 随处 随地 随军 随口 随时 随手 随团 随身 随意 随记 随机 依次 依法 沿街 沿路 沿途 沿例 自古 就地 就势 就手 就中 临机 借机 借势 照例 照理 由衷。

介素+非体词性语素：趁便 趁热 趁早 乘便 乘胜 乘虚 从宽 从速 从严 从实 从小 顺便 自小 自幼 赶早 赶巧 就便 就近 临了 照常 照实 照直 照旧。

介宾式情状副词修饰动词充当状语时和所修饰动词易形

笔记

成固化格式，如“由衷赞叹”“乘风而起”“乘风而去”“乘风而飞”，“乘风而V”是介宾式情状副词“乘风”修饰动词的常见格式。再如“从实V来”是“从实”修饰动词的常见结构。“乘虚而入”和“顺水推舟”已经固化成词，分别被《现代汉语规范词典》和《现代汉语词典》收录。介宾式情状副词修饰动词时一般带不带“地”两可；但也有部分是必不带“地”的，如“借机组成”和“当庭举证”。必不带“地”的介宾式情状副词分别是：按理、按例、按年、按期、按月、趁机、趁势、趁手、趁空、趁墒、趁便、趁热、趁早、乘风、乘时、乘势、乘隙、乘兴、乘便、乘机、乘虚、乘胜、借机、借势、自小、自幼、自古、临了、临机。除了“挨户”“从宽”“随身”“逐个”“逐项”5个词以外，其他的介宾式情状副词都可以和“就”“便”共现修饰动词，如“依次就说出了”“就势便往里爬”。与“就”“便”共现率较高的介宾式情状副词有“从小”“劈头”“自古”“自小”，“照旧便可/是”已经相对固化，如“不用，照旧便可”“一切照旧便是”。

3.2.2 表达功能

修饰动词时描摹动作的方式或状态是介宾式情状副词的基本功能，在此基础上，还可以表达说话人的主观认识和情感。动作的产生依靠人的行为，当“介素+X”中X表示人体的一部分时，介宾式情状副词常表示动作发生的方式，如“随口赞赏”“就手递给”。这时，当介素仍然保留动词性时，

笔记

介宾式情状副词也表示动作，如“挨家去吃”中，“挨”仍保留动作性，表示“逐个地去”，“挨家”可以看作一个动词，因此“挨家去吃”是连动结构，可以分解为“逐个去（某地）”和“吃”两个动作。当“挨”的动作性减弱，“挨家”的语义背景化转而表方式，“挨家去吃”就是状中结构，“挨家”表示“吃”这个动作的进行方式是一家一家地。大部分介素在虚化过程中都减弱了动作义，因此介宾式情状副词多表动作发生时候的情状，如“随处可见”“就势退学”。“随处”和“就势”分别表示动作“见”和“退学”的情状。

情状副词从表方式发展到表状态是继续虚化的结果。以“顺手”为例，如“顺手端起炒瓢”“顺手办”“顺手来钱”。“端”是手发出的动作，第一例中“顺手”表示“端”这个动作的产生是和前一个手部动作连贯的。第二例中动词“办”语义模糊，指的不是手的某个动作，因此逻辑主语泛化，这时“顺手”已经向表状态发展了，表示逻辑主语是在做其他事情的时候同时“办”的。第三例中，“来钱”表示挣钱，不是手部的具体动作，“顺手”修饰“来钱”表示挣钱容易和方便，表状态，“手”的语义这时完全虚化，逻辑主语也不一定指称有生命的人。通过对以上三例的分析可见，“顺手V”的逻辑主语从具体的人，到泛化主语，再到虚化主语，“手”的语义也随之虚化，“顺手”从表方式转而表状态。

不管是表方式还是表状态，介宾式情状副词的表达都很生动，可表达出说话人的内心活动。如“当头打了两闷棍”“就手递给”“乘机反攻”，“当头”描摹出当事人受到强烈打击的心理感受，“就手”表达出说话人对逻辑主语做出递送动作的认知和评价，“乘机”表明说话人是站在动作发出者的立场上的。

笔记

3.2.3 发展状况

介宾式情状副词从不带“地”发展到带不带“地”两可是继续虚化的结果，语义相近但使用频率低的词语虚化进程较慢。按照词语中的介素分类，介宾式情状副词可分为10个类别。这10个类别分别是：挨X、从X、当X、赶X、就X、劈X、顺X、随X、照X、沿X。笔者统计对比了以上10类词在古代汉语和现代汉语中修饰动词带“地”的情况，发现必不带“地”和带不带“地”两可的成员共存于10个类别中。挨X类成员加“地”作状语的情况见表3-4。

表3-4 挨X类介宾式情状副词作状语带“地”的情况

范围	挨家	挨户	挨个	挨次	挨门
古代汉语	/	2.5%	/	0.4%	/
现代汉语	0.3%	3%	1%	7%	/

表3-4显示，除了“挨门”以外，挨X类介宾式情状副词作状语修饰动词时加“地”的比例均增加了。以“挨户”为例，古代汉语中有“排门挨户”“挨户地确查”：前者是连动短语，“挨户”不可以省略；“挨户地确查”是状中短语，“挨户”方式义凸显，表示动作“确查”的方式。现代汉语中情况相似，如“挨户动员”“挨户地给农户送”：前一句是连动结构，动作“挨户”和“动员”都是句子的语义焦点，“挨户”省略后句义显得不连贯；后一句“挨户地”方式义凸显，动作“送”是句子的语义焦点，“挨户地”省略后句子表达仍然自然。可见，加“地”以后，“挨户”语义的动作性减弱，

笔记

方式义增强。可见，从不带“地”发展到带不带“地”两可是介宾式情状副词语义进一步虚化的表现。因此，从表3-4可见，“挨次”的虚化速度是最高的，其次是“挨个”“挨户”“挨家”，“挨门”没有变化。“挨门”和“挨家”“挨户”语义近似，“挨家”“挨户”的用例数量是“挨门”的三倍，其中“挨门”接近一半的用例是以“挨门挨户”这个固化短语形式出现的。可见，近义词竞争导致“挨门”的使用频率低，影响了其进一步虚化发展的进程。

介宾式情状副词与“就”“便”搭配使用的作用类似于带“地”，凸显情状义。按X、乘X、趁X、临X、自X、借X类介宾式情状副词修饰动词的时候都必不带“地”，但与副词“就”“便”搭配使用的比例较高，如“自小就受到了良好的教育”“从小便迷上音乐”，两例中“就”和“便”不但从语义上强调了动作开始的起点是小时候，而且强调了动作延续的时间长，是对“自小”和“从小”状态义的强调，类似于带“地”强调状态义的作用。

介宾式情状副词连用和单用存在竞争性。“挨家挨户”比“挨户”“挨家”分别单独使用的频率高，在“挨家”“挨户”出现的例句中，连用形式“挨家挨户”分别占79%和81%。“挨家”“挨户”“挨家挨户”语义相近，连用形式“挨家挨户”作为一个整体描摹动作，既可以表达说话人的主观情感，又可以表篇章关联，如“他们组织人马，挨家挨户，筹钱集粮”。“挨家挨户”不但描摹动作“筹钱集粮”的方式，还连接分句，完善句子的表达。“挨家挨户”这种叠加的方式本身就有强调作用，和“挨家”或者“挨户”单独使用相比，说话人的情绪更能表达出来，因此，在实际使用过程中出现频率更高。

笔记

部分介宾式情状副词仍在继续虚化。以按X类词为例，如“家道更不如前了，按例，连进学校的福分也没有”“才5周岁，按说应进幼儿园接受学前教育”。例句中“按例”“按说”分别位于句间、句首，评价后接事件。从情状副词黏附于动词的句法特征到例句中“按例”“按说”脱离动词的用法，从情状副词专职描摹动作到例句中“按例”“按说”用于评价后接事件，“按说”和“按例”继续向虚副词发展，这样的句法分布在两个词的语用情况中分别占32%和13%，与情状副词分布特征相比，已经进一步虚化。本文列举的介宾式情状副词中有39%的虚化程度比较高，句中位置也相对灵活，有评价和篇章衔接功能。

综上所述，介宾式情状副词修饰动词是否带“地”，是否与“就”“才”等虚副词连用，在句中位置是否灵活，能否表篇章衔接，是否连用等都是该类词是否继续发展的表现形式。

笔记

3.3 “类词缀+N”式三音节情状副词

现代汉语中的“A+N”式三音节结构（A是单音节形容词，N是双音节名词）根据A的性质可划分为两种：一种是“单音节类词缀+名词性双音节语素”，如“多用途”“多方面”“超负荷”“超精细”；另一种是“单音节性质形容词+双音节名词”，如“高保真”“高品位”“大功率”“大区域”。吕叔湘、陈一、齐沪扬认为“A+N”式三音节结构是短语。李铁范（2007）认为当“A+N”式三音节结构的整体意义是两个词语意义的综合，不具有专门性，且扩展功能有限时，此类结构是短语，如大幅度、小幅度、远距离、长距离、大面积、小面积；当“A+N”式三音节结构中的形容词和名词语义融合为整体时，此类三音节结构是词，如超远程、超高速、超负荷、满负荷、非正式、单方面。张亚军（2002）认为“A+N”式三音节结构是短语词，和固定三音节组合“手把手”“眼睁睁”“肩并肩”性质相同。王政红、张谊生、史金生认为这些结构是词，但是没有做具体详细的讨论。在此基础上杨一飞（2008）提出“高”“全”“大”是准词缀，并指出准词缀的语义已经转化或虚化，有标记词性的功能。

笔记

3.3.1 “A+N”式三音节结构的性质和分类

“A+N”式三音节结构有两种性质，分别是词和短语。“A+N”是词时，A是单音节类词缀，语义抽象不能单独使用；N是名词性双音节语素组，语义实在可以独立使用，表示人或事物的特性，如“功率”“清晰”“水平”“精密”。“单音节类词缀+名词性双音节语素组”结构的词有：高水平、高清晰、高精密、高层次、高密度、高热量、高音质、大功率、大规模、大面积、大批量、大剂量、大冒险、短距离、短时间、远距离、远射程。“单音节类词缀+名词性双音节语素组”表达的是一个绝对定值，是概念，如“逐渐过渡到短距离滑翔”“长时间持球”。例句中“短距离”和“长时间”不是对事实的陈述，而是概念，“短距离”表示滑翔运动的一个类型，实际滑翔的距离也许是很长的，“长时间持球”在赛场上也许是指不足30秒的持球行为。以上“单音节类词缀+名词性双音节语素组”结构的词不能加以扩展，如“高水平专业人士”不能扩展为“较高水平专业人士”和“高的水平专业人士”，“大功率放电”不能扩展为“很大功率放电”和“大的功率放电”。这是由于上面两例中的“高水平”和“大功率”语义凝固，不能随意扩展为短语。“高”和“大”分别是对“水平”和“功率”的限定，具有绝对性，不能和程度副词连用，也不能通过加“的”对“水平”和“功率”进行程度性描述。“单音节类词缀+名词性双音节语素组”结构的词语义泛化，如“高温度”“高密度的恒星”“高热量食品”“数字电视高画质、高音质”，例中“高温度”“高密

笔记

度”“高热量”“高画质”“高音质”中的“高”涵盖了性质形容词“高”“大”“多”“好”的语义，和“密度”“热量”“画质”“音质”超常搭配，常见表达是“密度大”“热量多/高”“画质好”“音质好”。“高”的超常搭配受到了英语表达的影响，如表3-5所示。

表3-5 英语表达对“高”的搭配的影响

英语表达	汉语超常搭配	汉语常规搭配
high density	高密度	密度大
high-risk	高风险	风险大
high quality	高质量	质量好
high-speed	高速度	速度快
high fat	高脂肪	脂肪多

英语中形容词high和汉语中形容词“高”相比，外延比较宽，囊括了汉语形容词“高”“大”“好”“多”的语义，因此在翻译high开头的合成词时，形容词“高”取代了形容词“大”“好”“多”的地位，这就是性质形容词“高”词缀化的动因。“大”的语义同样受英语表达影响而泛化，不局限于本义，即在体积、面积、数量、力量、强度等方面超过一般或超过所有的对象，也表示“程度高”“范围广”，如“大冒险行为”“大环境建设”。“大冒险”在英语中表达为“a great adventure”，“大环境”为“the overall situation”，“大冒险”中的“大”表示冒险程度高，“大”在“大环境”中表示主流情况。通过以上分析可见，“高”比“大”的语义泛化程度高。

笔记

“单音节类词缀+名词性双音节语素组”结构的词基本都是加词，作为一个词，该类词前面还可以加上类词缀，如“高速度”前面可以加上类前缀“超”，构成“超高速度”。

“A+N”为短语时，A是单音节性质形容词，语义具体，修饰双音节名词N。“A+N”可以扩展，句法功能与N相似，如“有高素质、高水平”“有高的水平和实力”“较高水平的著作”“更高水平的防护”。以上例子中形容词“高”分别修饰名词性中心语“素质”和“水平”，都是偏正短语，中间可以加入“的”凸显修饰功能，可以接受程度副词“较”“更”的修饰。“A+N”为短语时，功能和中心语N保持一致，可以充当宾语、主语、定语，如“文化的高水平需要发展”“高水平的科研队伍”，句中“高水平”分别充当主语中心语和定语。

综上所述，“A+N”是短语时，性质形容词A的语义没有发生变化，修饰名词N，和N关系松散，因此“A+N”可以适当扩展，性质和N保持一致，充当多种句法成分。“A+N”是词时，A是性质形容词语义泛化的结果，“高”“大”“短”“长”与N超常搭配，其中“高”“大”的语义扩展，“短”“长”的语义虽然没有扩展，但和N的语义已经融合，因此“A+N”不能扩展，作为整体修饰动词或名词，句法位置固定。上述内容如图3-1所示。

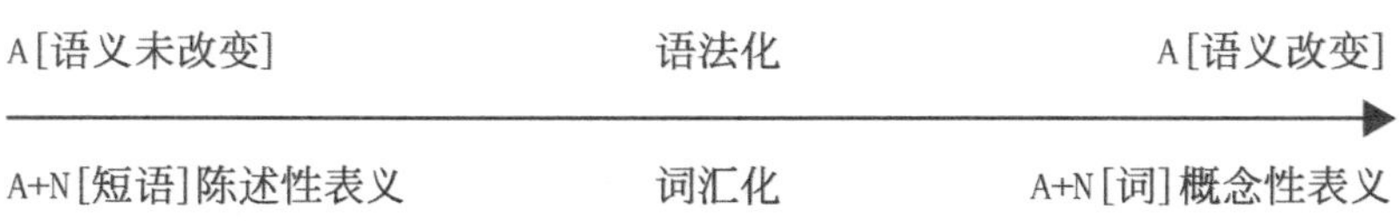

图3-1 “A+N”结构的性质和特征

图3-1显示，“A+N”由短语发展为词的过程即A的语法化过程和结构“A+N”的词汇化过程。

笔记

部分单音节性质形容词A语义虚化后功能上类似于汉语中的词缀，笔者称之为类词缀，还有部分呈现出词缀化的发展趋势，但是目前的语用统计显示还未达到类词缀的虚化程度和构词能力，笔者称其为准类词缀。词缀、类词缀、准类词缀和单音节性质形容词在语义和构词能力等方面的比较结果如表3-6所示。

表3-6　词缀、类词缀、准类词缀和单音节性质形容词的比较

<table>
<tr><th>类别</th><th>示例</th><th>结构位置</th><th>语义</th><th>读音</th><th>标记词性</th><th>能否独用</th><th>结构语义</th><th>语义作用</th><th>结构凝固</th></tr>
<tr><td rowspan="2">词缀</td><td>老、第</td><td>前附</td><td rowspan="2">虚化</td><td rowspan="2">弱化</td><td rowspan="2">是</td><td rowspan="2">否</td><td rowspan="2">融合</td><td rowspan="2">/</td><td rowspan="2">是</td></tr>
<tr><td>子</td><td>后附</td></tr>
<tr><td>类词缀</td><td>多、单、全</td><td>前附</td><td>抽象</td><td>不变</td><td>否</td><td>否</td><td>融合</td><td>限定</td><td>是</td></tr>
<tr><td rowspan="2">准类词缀</td><td>高^{1}、大^{1}</td><td rowspan="2">前附</td><td>泛化</td><td rowspan="2">不变</td><td rowspan="2">是</td><td rowspan="2">否</td><td rowspan="2">融合</td><td rowspan="2">限定</td><td rowspan="2">是</td></tr>
<tr><td>远、短、长、近</td><td>不变</td></tr>
<tr><td>单音节性质形容词</td><td>高^{2}、大^{2}、短、远</td><td>自由</td><td>不变</td><td>不变</td><td>否</td><td>是</td><td>叠加</td><td>修饰</td><td>否</td></tr>
</table>

表3-6显示，准类词缀和类词缀的性质非常接近，其中“高^{1}”“大^{1}”的词缀化进程比“短”“长”“远”“近”稍快。

汉语中“类词缀+N”式加词的来源大概有三种，第一种是由英语中“前词缀+N”式结构的词直接翻译而来，英语中的前词缀和汉语中的类词缀基本对应，如表3-7所示。

笔记

表3-7 英语前词缀和汉语类词缀的对应关系

<table>
<tr><th>英语前词缀</th><th>英语</th><th>汉语</th><th>汉语类词缀</th><th>英语前词缀</th><th>英语</th><th>汉语</th><th>汉语类词缀</th></tr>
<tr><td rowspan="3">multi-</td><td>multi-farious</td><td>多种类</td><td rowspan="3">多</td><td>equi-</td><td>equi-distant</td><td>等距离</td><td>/</td></tr>
<tr><td>multi-function</td><td>多功能</td><td rowspan="4">semi-</td><td>semi-automatic</td><td>半自动</td><td rowspan="3">半</td></tr>
<tr><td>multi-ethnic</td><td>多种族</td><td>semi-conductor</td><td>半导体</td></tr>
<tr><td>uni-</td><td>unilateral</td><td>单方面</td><td>单</td><td>semi-professional</td><td>半职业</td></tr>
<tr><td rowspan="4">all-</td><td>all-terrain</td><td>全地形</td><td rowspan="4">全</td><td>semi-tropical</td><td>副热带</td><td>/</td></tr>
<tr><td>all-day</td><td>全天</td><td rowspan="3">bi-</td><td>biracial</td><td>双族裔</td><td rowspan="3">双</td></tr>
<tr><td>all-weather</td><td>全天候</td><td>bilateral</td><td>双方面</td></tr>
<tr><td>all-remote</td><td>全遥控</td><td>bilingual</td><td>双语言</td></tr>
</table>

笔记

续表

英语前词缀	英语	汉语	汉语类词缀	英语前词缀	英语	汉语	汉语类词缀
all-	all-wool	纯羊毛	/	super-	super-conductor	超导体	超
	all-natural	纯天然		ultra-	ultra-sonic	超声波	
	all-purpose	多用途	多	over-	overload	超负荷	

出于表达的自然和确切，all-wool翻译为“全羊毛”或“纯羊毛”；semi-tropical翻译为“副热带”或“半热带”，但是“纯”和“副”不是类词缀。

第二种来源是英语中的合成词译成汉语后呈现出“类词缀+N”的结构形式，如表3-8所示。

表3-8　英语合成词前半部分与汉语的翻译对应

合成词前部分	英语	汉语		合成词前部分	英语	汉语	
high	high fidelity	高	保真	small	small screen	/	电视
	high-risk		风险		small capacity	小	容量

笔记

续表

<table>
<tr><th>合成词前部分</th><th>英语</th><th colspan="2">汉语</th><th>合成词前部分</th><th>英语</th><th colspan="2">汉语</th></tr>
<tr><td rowspan="2">high</td><td>high-definition</td><td rowspan="2">高</td><td>清晰</td><td></td><td>small-scale</td><td>小</td><td>规模</td></tr>
<tr><td>high-speed</td><td>速度</td><td>one</td><td>one-sided</td><td rowspan="2">单</td><td>方面</td></tr>
<tr><td rowspan="4">low</td><td>low-class</td><td rowspan="4">低</td><td>等级</td><td>single</td><td>single-dimension</td><td>向度</td></tr>
<tr><td>low-tech</td><td>科技</td><td rowspan="2">full</td><td>full-screen</td><td rowspan="2">全</td><td>屏幕</td></tr>
<tr><td>low-fat</td><td>脂肪</td><td>full-scale</td><td>方位</td></tr>
<tr><td>low-level</td><td>水平</td><td>short</td><td>short-term</td><td>短</td><td>时期</td></tr>
<tr><td>large</td><td>large-scale</td><td rowspan="3">大</td><td>范围</td><td>long</td><td>long-haul</td><td>长</td><td>距离</td></tr>
<tr><td>big</td><td>big bore/diameter</td><td>口径</td><td rowspan="2">broad</td><td>broad-sheet</td><td rowspan="2">宽</td><td>幅面</td></tr>
<tr><td>high</td><td>high-powered</td><td>功率</td><td>broad-band</td><td>波段</td></tr>
</table>

英语中的high、low、large、big、single、one、full、short、long、broad不是词缀，而是合成词的前半部分，翻译成汉语时常选用单音节性质形容词，合成词的后半部分选用汉语中的双音节名词，恰好表现为汉语中“类词缀+N”的三音节结构形式。

笔记

第三种来源也是最主要的来源，即新兴的“类词缀+N”式三音节加词。前文已经讨论过，汉语中部分单音节实语素在词缀化，如类词缀“高”“大”“远”等，在此基础上，汉语中产生了一批“类词缀+N”式三音节加词。

3.3.2 “A+N”式三音节情状副词的范围、搭配和表达

“A+N”式三音节加词有名词前加词和动词前加词两种，如“高智商儿童”“多渠道了解”，前例中“高智商”是名词前加词，后例中“多渠道”是动词前加词。“A+N”式三音节加词究竟表现出哪种功能和N的性质有关，因此，通过对“A+N”中N的测试可以确定“A+N”能否充当动词前加词。当N能够进入“从/以/通过……+N+V”结构时，“A+N”可以充当动词前加词。以“多N”为例，以此结构为基础的三音节加词有：多角度、多途径、多视角、多方位、多形态、多种类、多样式、多用途。以上这些词中，“角度”“途径”“视角”“方位”能进入“从/以/通过……+N+V”结构，如“从多种角度领略”“通过多种途径解决”“从经济这个视角看”“从这样一个方位进行观察”。由此，可以确定“多角度”“多途径”“多视角”“多方位”可以充当动词前加词。笔者统计出N可以进入“从/以/通过……+N+V”结构的“A+N”式情状副词有如下一些常用词：

笔记

多侧面、多角度、多途径、多渠道、多视角、多方位、

多方面、多层次、多形式、多领域、高速度、高层次、高效率、高投入、高密度、高档次、高效能、高效益、高质量、高标准、低速度、低层次、低效率、大幅度、大规模、大面积、大剂量、大踏步、大批量、大跨度、大强度、小幅度、小规模、小面积、小剂量、小踏步、小批量、长距离、长时期、长时间、全方位、满负荷、近距离、远距离、单方面、等距离、粗线条、快节奏。

此外，还有“高N”“多N”类专业表述用词，受篇幅影响，这里不一一罗列。以上这些词中，只有“多角度”“多渠道”“大幅度”“大面积”“大踏步”“大批量”“满负荷”7个是单功能动词前加词，其他成员是双功能加词，与情状副词兼类的名、动、形三类词。

“多N”类三音节情状副词修饰动词的时候可以和“从/在/以……”共现，如“从多层次、多视角予以展示”“从多层次、多侧面理解”“从多视角、多领域提出”。以上例子中“从”都可以省略。“高N”类三音节情状副词修饰动词时可以和介词“以”共现，“以”缺失与否不影响句子表达，如“以高水平高质量要求”“以高标准做”。“长时间”和“短时间”修饰动词的时候可以和介词框架“(在)……内”搭配，如“在长时间内集中”“在短时间内造成”。“长时间”和介词框架“(在)……内”搭配使用修饰动词的用例极少，有效例句仅8句，更多情况是直接作状语修饰动词，副词化程度较高。而包含“短时间”的1647句有效例句中有1098条，即67%和“(在)……内”共现。可见，“短时间”独立使用作状语修饰动词的频率较少，其副词化的程度比“长时间”低很多。“大范围”“大面积”“高水平”“高速度”“高效率”几个词语中，“大范围”和“大面积”在修饰动词时可以和介词

笔记

框架“在……内/下”共现，但更多的情况是直接修饰动词，副词化程度高，吸收了介词框架的语义，整体语义背景化；而它们的反义形式“小范围”“小面积”副词化程度略低，直接修饰动词常与介词框架“在……内/中”共现。

“A+N”式三音节情状副词修饰动词的时候主要是对动作发生的方式或背景加以描摹。前面提到的“多N”“高N”等类词可以和介词“以”或者介词框架“(在)……内”共现，前者通常表示动作发生的方式，后者通常表示动作发生的境况。从表达效果来看，它们主要呈现出形象性、简洁性和精准性三个特点，如“三言两语粗线条地勾勒出形象”“高密度地开展高层外交”，“勾勒”比喻话语表达，用“粗线条”转喻话语表达不精确，达到了既生动又准确的效果，“高密度”本来表示物质的密度高，这里用来比喻开展高层外交的频率高，很形象。“在各种层次上进行”“在多层次上进行”“多层次进行”，这三个例子含义一致，表达的简洁程度显而易见。“A+N”式三音节情状副词表达的精准性得益于类词缀的语义泛化。“高”的语义覆盖面广，可以和数量众多的N组合成词，如“高”可以和“速度”“密度”“层次”“水平”组合，从语义上对四个词分别从不同方面加以限定，表义明确，不含糊。多个“A+N”式三音节情状副词连用可以使表达更全面，如“全方位、多层次、多角度地反映”“多渠道、多层次、多形式地促进”“高起点、高速度、高效能地加快”。这样的表述在新闻播报中也是常见的。

笔记

3.3.3 “A+N”式三音节情状副词的不对称性

“A+N”式三音节情状副词的不对称性首先表现在数量上。“多N”“高N”类词明显多于其他类。英语中前缀multi-和high的构词能力较强，明显多于由equi-、uni-、all-、large、full构成的词。同时，“多”“高”的语义虚化程度高，因此构词能力强，搭配范围广。翻译过程中，multi-、high、equi-、uni-、all-、large、full的语义首选“高”和“多”来准确表达。

不对称性还表现在部分“类词缀+N”式三音节情状副词没有反义形式；或者有反义形式，但反义形式不是情状副词。没有反义形式的词有多形式、多方位、多角度、多领域、多渠道、多侧面、多视角、大踏步。反义形式不是情状副词性质的词有粗线条、快节奏、大跨度、高投入、高密度、高档次、高水平、高效能、高效益、高质量、高标准。这些词的反义形式只能用作名词或区别词。

笔记

3.4 小结

情状副词的结构性质和来源有密切联系，双音节重叠式情状副词和双音节介宾式情状副词大都来源于古代汉语；“类词缀+N”式三音节情状副词是现代汉语中的新成员，数量众多，其形成受到英语中“前词缀+N”结构的词以及合成词汉语翻译的影响。这三类词的结构特征决定了各自不同的表达效果，前两类词表达生动形象，第三类词表达精准客观。

笔记

4 情状副词对动词的选择和固化搭配

情 状 副 词

情状副词和动词搭配的问题主要集中在情状副词带“地”与否，情状副词对所修饰动词的语义、音节数或其他方面的要求。吕叔湘、饶长溶（1981）指出情状副词修饰动词（或形容词）时以不带“地”为常，带“地”的形式在发展。史金生（2002）统计出260个可以加“地”的情状副词。李梅（2001）认为不同类的情状副词对所修饰的动词在语义上有不同限制，比如“径直”类情状副词要求具有“位移”语义的动词与之搭配，“大肆”类要求具有贬义特征的动词与之搭配，文中只是提到这个想法，并没有展开研究；此外文中还从音节数的角度提出单音节、双音节情状副词往往选择音节数与之对应的动词。张亚军（2002）指出情状副词所修饰的动词主要是述人动词中的自主行为动词，修饰其他动词时受到的限制比较大，关系动词一般不能受情状副词的修饰。赖先刚（2004）则从语义角度详细地分析了情状副词对动词的选择情况，他认为情状副词通常会选择具有人际交往和社会活动意义的动词，典型的情状副词不选择表示物态动作变化的动词，一些非社会活动动词也能受到情状副词修饰。李铁范（2005）详细考察了“屡次”类情状副词和自主、非自主动词的搭配情况，发现和情状副词搭配时属性动词优先于状态动词，状态动词优先于变化动词，变化动词优先于动作动词，双音节情状副词优先于三音节情状副词，三音节情状副词优先于单音节情状副词。

笔记

4.1 情状副词对动词的选择

部分情状副词常常出现在四字结构中，一种是单个情状副词和动词搭配形成的结构，另一种是情状副词同类连用形成的结构。这两种结构都有固化趋势，前一种搭配的固化趋势主要受到古代汉语使用情况的影响，后一种结构的固化趋势仅出现在现代汉语中。固化搭配多为四字结构，抑扬顿挫，因此经常被人们使用，随着使用频率的增加，语义不断融合，四字结构整体表现出情状副词的特征，共同修饰动词、描摹动作，且沿着副词化的方向继续发展成四音节情状副词。笔者统计分析发现，部分四字结构已经融合成词，部分仍然属于短语。

情状副词和动词搭配的时候对动词的语义、音节数是有限制的。首先，部分情状副词和动词形成固定的搭配格式，和某一动词的搭配已成词。① 固化搭配使用频率在70% ~ 90%之间，很少和其他动词搭配的情状副词，如“窃窃”“斤斤”。“窃窃私语”“斤斤计较”都固化成词，被词典收录。情状副词“窃窃”“斤斤”修饰动词的用例中，“窃窃私语”和“斤斤计较”分别占75%和83%。“窃窃”和“斤斤”也搭配其他动词，如“窃窃私议”“窃窃交谈”“斤斤算

笔记

计”“斤斤计算”。“私议”“交谈”和“私语”语义相近，“算计”“计算”和“计较”语义相近。“窃窃”和“斤斤”也分别有1.5%和1.1%的比例是搭配其他语义类动词的，如“窃窃自喜”“窃窃笑乐”“斤斤考虑”“斤斤拘限”。此类情状副词还有“循循”“蠢蠢”。② 固化搭配使用频率超过半数的情状副词，如“顺水”“趁热”。“顺水推舟”“趁热打铁”都固化成词，在修饰动词的用例中分别占45%和49%。“顺水”和“趁热”还可以和其他动词搭配，所搭配动词的语义不必和“推舟”或者“打铁”相关，如“顺水而下”“顺水漂”“顺水游了”“趁热冲泡”“趁热喝”“趁热塞”。

其次，部分情状副词和动词的搭配有固化趋势，但尚未融合成词。① 情状副词和动词搭配形成固定短语，如“喋喋不休”“孜孜不倦”。虽然这样的固定搭配在情状副词“喋喋”和“孜孜”的用例中分别占94%和69%，但仍未固化成词被词典收录。除了固化短语中的动词，“喋喋”和“孜孜”还可以和其他动词搭配，如“喋喋诉苦”“喋喋争论”“喋喋多言”。与“喋喋”搭配的动词属于言说类，而且“喋喋诉苦”和“喋喋争论”中的“喋喋”可以看作是“喋喋不休”的缩略形式，即“喋喋不休地诉说心灵的创伤”“喋喋不休地争论”。可见，情状副词“喋喋”吸收了“喋喋不休”整个结构的语义。同样，情状副词“孜孜”吸纳了“不倦”的语义，能与其他动词搭配使用，如“孜孜追求”“孜孜谋取”等。② 情状副词和动词搭配形成固定模式，如“活活V死”“久久不愿V”“蜂拥而V”“鱼贯而V”。这些结构在情状副词“活活”“久久”“蜂拥”“鱼贯”的用例中分别占45%、51%、71%、53%。能够进入这些固定搭配结构的动词具有相

笔记

同的语义特征和音节数。以“活活V死”为例，结构中动词一般为单音节，语义上带有不如意成分，如“活活逼死”“活活打死”“活活困死”“活活饿死”“活活烧死”“活活炸死”。同样，进入“蜂拥而V”“鱼贯而V”结构的动词都是单音节，语义和“来”或“入”相关。

最后，部分情状副词和动词的搭配形式没有固化。① 情状副词所修饰的动词必须具有相同的语义特征，如与情状副词“亲耳”搭配的动词都必须和动作“听”相关，与“高声”搭配的动词必须和动作“说”相关，如“亲耳聆听”“亲耳所闻”“高声提醒”“高声喊道”“高声欢呼”。② 情状副词对所修饰动词在语义上没有特别的要求，如“亲手”和“同声”。“亲手”语义实在时，搭配的动词和手部动作相关，如“亲手制作”“亲手办理”；“亲手”语义泛化为亲自做某一件事时，搭配的动词语义脱离手部动作，如“亲手毁灭”“亲手导演”。同样，“同声”语义实在时搭配和动作“说”相关的动词，如“同声应和”“同声传译”；当“同声”的语义泛化为表示两个以上主体共同完成一件事情的时候，所修饰的动词和动作“说”没有关系，如“同声挞伐”“同声谴责”。

情状副词同类连用形成固化结构，其中不乏固化成词的情况，然而更多的仍是固化短语。包含相同语素的情状副词连用或包含相同语素的情状副词和非情状副词连用构成AXAY结构，如“随时”和“随地”连用共同修饰动词形成“随时随地”，该结构在“随地”的用例中占64%。情状副词“好言”和非情状副词“好语”连用共同修饰动词形成“好言好语”，在“好言”的用例中占20%。此外还有“恶言恶语”“细声细语”等。结构性质相同的情状副词连用或结构

笔记

性质相同的情状副词与非情状副词连用形成固化结构。如动宾结构的情状副词“乘风”和动宾结构的非情状副词“破浪”连用固化成词共同修饰动词，如“乘风破浪驶来”。介宾结构的情状副词“劈头”和非情状副词“盖脸”连用形成“劈头盖脸”，该结构在“劈头”的用例中占41%。

笔记

4.2 情状副词固化搭配的来源和发展

部分情状副词和动词的固化搭配（包括成词的和未成词的）在古代汉语中已经出现，如“斤斤计较”“窃窃私语”“顺水推舟”。这三个搭配在情状副词“斤斤”“窃窃”“顺水”的古代汉语用例中分别占4%、16%、17%，在现代汉语用例中分别升至83%、75%、45%。可见，这三个情状副词在从古至今的语言发展中，位于句中的自由度显著下降了，所修饰的动词范围缩小了。再以“冉冉”“源源”为例，古代汉语中“冉冉”修饰的动词范围广阔，如“冉冉飞下汀洲”“冉冉而去”；但是在现代汉语中，“冉冉升起”“冉冉上升”在“冉冉”的用例中分别占64%和10%，“冉冉”与其他动词的搭配只有26%。同样，古代汉语中“源源”可以修饰不同语义类别的动词，如“源源而至”“源源相接”“源源接济”；现代汉语中“源源不断”占情状副词“源源”用例的66%，成为固定短语，而在古代汉语用例中只占3%。再如“蜂拥而V”，在情状副词“蜂拥”的古代汉语用例中就占50%以上，如“蜂拥而出”“蜂拥而来”“蜂拥而去”“蜂拥而至”“蜂拥而前”；现代汉语中该固化格式的出现频率在“蜂拥”的用例中达到了71%，“蜂拥而V”进一步固化。

此外，还有部分固化搭配在古代汉语中是没有出现过的，

笔记

它们属于现代汉语中的产物，这样的固化搭配多源于情状副词的同类连用以及情状副词和动词的固化搭配，如“随时随地”“好言好语”“活活V死”“姗姗而V”等。前面已经讨论过，这里不再赘述。

情状副词固化结构可以直接修饰动词，如“乘风破浪地前进”“一语中的地告诉人们”，其中情状副词和动词搭配固化而成的词“乘风破浪”和“一语中的”作为一个四音节情状副词修饰动词“前进”和“告诉”。固化短语同样如此，如“柔声细语地开导”。固化格式“蜂拥而V”作为整体修饰动词的用例占“蜂拥”所有例句的17%，如“蜂拥而上追逐眼前利益”。可见，由情状副词和动词连用或者情状副词同类连用固化而成的词、短语或者结构呈现出副词化的倾向。

笔记

4.3 情状副词固化结构的表达功能

情状副词的固化结构反映出人们的表达习惯，也是说话人情绪的体现。首先，由于动作的方式或状态是情状副词通过比喻或转喻的方式来描摹的，因此固化搭配增强了表达的生动形象性，如“乐团的乐手们一边演奏，一边从剧场两侧的四处入口鱼贯而入”，再如“抓住火候，趁热打铁，终于完成了任务”。“鱼贯而入”比喻乐手们进入剧场时候的方式和形式，“趁热打铁”转喻完成工作时干净利落抓住重点、及时完成工作的状态。两个例句都能让听话人准确把握说话人的想法。其次，固化结构能凸显说话人的主观评价义。固化结构在表达基本语义以外，常常还融入了特有的表达效果。如“活活V死”除了表达基本事实以外，还表达出残忍义，这是说话人对动作V的评判。“从实V来”表达出说话人对动作V的要求是严肃。最后，固化搭配有强调作用。情状副词同类连用后，如“恶言恶语”，其语义和情状副词“恶言”几乎一样，差别在于连用后更加强调语言的恶劣性质。

笔记

4.4 小结

情状副词对所修饰动词的音节和语义有限制。情状副词和动词的搭配以及情状副词同类连用的搭配中，部分融合成词，部分固化成短语或者结构，它们都不同程度地呈现出进一步副词化的趋势。

笔记

5 情状副词的表达功能分析

对情状副词表达功能的研究主要集中在情状副词的语义指向和语义变化这两个方面。张谊生（2000）根据语义特征将情状副词分为方式类、状态类、情状类和比况类，在此基础上指出方式类和状态类几乎都是双音节的词根复合式合成词，情状类几乎都是“X然”加缀式合成词和双音节叠音词，而比况类则构成不一。张亚军（2002）认为情状副词的语义指向和动作行为的施事、受事有关。赖先刚（2005）认为表示社会活动意义是情状副词的基本语义特征，社会活动指的是人际交往、社会生产、政治、教育、文化生活等方面；在此基础上，他根据不同的语义特征分析了情状副词的语义指向。李铁范（2005）着重分析了情状副词的语义指向。以上这些都是对情状副词语义的静态个体研究。杨一飞（2007）纵观情状副词的虚化历程，将情状副词在形成过程中语义变化的类型总结为总括语义、笼统语义和生动语义三类，对情状副词的语义进行了动态宏观分析。

笔记

5.1 方式状态类情状副词

情状副词在描摹动词的时候，可以表方式和状态。《现代汉语词典》中对“方式”的解释是说话做事所采取的方法和形式，对“状态”的解释是人或事物表现出来的形态。笔者认为情状副词修饰动词时表方式是指具体的行为方式、处事方式，表状态是指行为、事件的性质或与此相关的状况。来源于动词或仍保留动词功能的情状副词、来源于名词或仍保留名词功能的情状副词对所修饰动词的描摹既可以表方式，也可以表状态。具体是表方式还是表状态取决于逻辑主语生命度的高低，取决于所修饰动词动作性的强弱。情状副词从表方式到表状态的转变就是其虚化过程。因此，表方式的情状副词和表状态的情状副词是两个部分相交的范畴，既可表方式也可表状态的情状副词体现了表方式和表状态之间的连贯性。

5.1.1 分类

情状副词在描摹动作的时候，有些词负责描摹具体的行为方式或处事方式，有些词描摹事件、行为的性质和状况，

笔记

还有些词既能描摹方式也能描摹状态。据此，笔者将情状副词加以分类。

只表方式的情状副词根据其来源可以分为两类。一类源于动词：放步、举步、信步、纵步、侧耳、闭目、侧目、凝神、屏息、昂首、俯首、驱车、埋头、迎风、随团、随军、正步、滚动、鱼跃、蜂拥、鱼贯、冰消、辗转、协商、步行、突击、徒步、直言、穿梭、健步、沿街、沿路、挨个、挨门、乘风、定睛等。另一类源于名词：口头、书面、背后、尖声、厉声、曼声、悄声、大声、小声、低声、高声、轻声、细声、柔声、一语、冷眼、正眼、厉色、一窝蜂、一阵风、一溜烟、一溜风、恶言、恶语、托词、怒目、武力、好言、手工、暴力、全速等。源于动词的情状副词在修饰动词的时候主要表示人的行为方式，如“定睛注视”“比肩而过”“侧目观察”“迎风转动”。“定睛”“比肩”“侧目”“迎风”四个词自身的动作性就比较强，在修饰动词的时候侧重表示动作发生的方式。源于名词的情状副词也侧重表示人的行为方式，如“高声宣读”“正色说道”“一语带过”“怒目而视”“一溜烟驶入”。“高声宣读”是用大音量的声音宣读；“正色说道”是以严肃的神情说；“高声”“一语”的前面都可以加上介词“以”表凭借义，强调动作发生的方式；“一溜烟”表示驾驶行进以快速度进行，是对动作发生时速度的夸张描摹。通过以上分析可以发现，表方式的情状副词所描摹的动作，其逻辑主语一般都是人，生命度高，情状副词所描摹的方式通常伴随着整个动作发生的过程。当逻辑主语生命度降低的时候，情状副词转而表示处事方式，这时情状副词表示的方式是通过客观事件反映出来的，前面提及的第一类和第二类情状副

笔记

词都有这样的用例，如“各国协商解决”“俯首求和”“沿街开设”“高声谴责”“冷眼旁观”，其中情状副词“协商”“俯首”“沿街”是第一类词，“高声”“冷眼”是第二类词。各国之间协商着解决问题是一个过程，“协商”不是指人的具体行为方式，而是国家、政府的处事方式，其动作性很弱。以上几个例子都属于这种情况。情状副词和介词“以”“用”共现修饰动词，或者附加“式”，凸显方式义，这样的用例不多，如“骂过之后，她又用好言哄他，最后终于说服了他”“滚动式播放各车次的情况”“有人会以冷眼来旁观这一切”“突击式地赶报赶批了一大批项目”。例句中“以”“用”凸显了“冷眼”“好言”的方式义，“滚动式”“突击式”也凭借“式”明确了方式义。

只表状态的情状副词可以分为三类。第一类源于动词或有动词功能的词：就地、就近、顺势、趁机、乘虚、当众、暗自、尽力、被迫、仗势、专程、交替、轮番、逐一、逐个、冒名、竭力、如实、夹道、亲自、独自、抢先、挂牌、哄堂、大举、交替、微服等。第二类源于名词或有名词功能的词：全数、快速、慢速、明码、明文、明令、横向、纵向、全盘、通盘、终年、全力、长年、日夜等。第三类是“A+N”式三音节词：大幅度、大面积、大批量、大踏步、大规模、多渠道、多视角、多方位、高速度、长时间、远距离、小批量等。“冒名顶替”“纵向分割”“全方位、多视角地反映”，其中情状副词“冒名”“纵向”“全方位、多视角”分属第一、二、三类词，分别表示所修饰“顶替”“分割”“反映”这三个事件或行为的性质。状态还包括和行为、事件相关的状况，如“当众宣誓”“长年不眠”“大面积推广”，情状副词“当

笔记

众”“长年”“大面积”表现出行为或者事件的地点、时间、范围，“当众”表示宣誓行为的地点，“长年”是不眠的时段，“大面积”是推广的范围。

既表方式也表状态的情状副词分为两大类。一类是源于动词或有动词功能的词：比肩、并肩、扼腕、拱手、联手、袖手、携手、屈膝、翘首、联袂、趁手、顺道、快步、稳步、阔步等。另一类是源于名词或有名词功能的词：粉墨、粗线条、大声等。源于动词或有动词功能的词的情状副词，修饰动词表状态时，动作发出者往往生命度很低。以“携手”为例，如“携手漫步”“携手寻求”，前例中“携手”表示漫步的方式是手拉手，属于直接描摹，动作发出者是人；后例中“携手”表示寻求的状态是多方合作，属转喻描摹，动作的发出者泛化，可以是组织机构、国家、人。名词性强的情状副词在修饰动词的时候，如果搭配的动词动作性很弱，常常表状态。以“粗线条”为例，如“粗线条勾画身影”“粗线条地勾勒了生活的缩影”。前例中“粗线条”表示“勾画身影”这一动作的方式，后句中表示“勾勒了生活的缩影”这一行为的性质是粗略的、不细致的。前者是直接描摹，后者是转喻描摹。

5.1.2　从表方式到表状态

既可以表方式也可以表状态的情状副词，在表方式的时候常常是直接描摹或隐喻描摹，在表状态的时候常常是转喻描摹，从前者转变到后者是情状副词继续虚化的表现。

笔记

来源于动词或具备动词功能的词的情状副词，以“快步”“比肩”为例，“记者快步来到化工厂门口”“比肩而立拍摄全家福”“与庄重、古典的旧馆比肩而立”。前两例中“快步”和“比肩”在修饰动词的时候都可以表方式，都是对动作的直接描摹，表示动作“来”和“立”的方式。第三例中的“比肩”修饰动词的时候是隐喻描摹，把新馆和旧馆的共存比喻为比肩而立，表达的也是一种方式。再如“电子信息产业正快步融入国际市场”“传统小吃与现代的饮食比肩并列”。以上例句中“快步”和“比肩”都表状态，“快步”表示电子产业在进入国际市场的过程中比较顺利、态势好；“比肩”本表示肩并肩，以上两例中都转指地位的平等，是转喻描摹。通过以上分析可见，情状副词表方式的时候，所搭配的动词都具有较强的动作性，动作的发出者是生命度很高的人、动物，如“来”和“立”，这时的情状副词语义实在。情状副词表状态的时候，所搭配的动词动作性很弱，动作的发出者泛化，一般生命度较低，如“融入”“并列”，此时的情状副词语义转指，所修饰的动词也不再受情状副词语义的限制。

来源于名词或具备名词功能的词的情状副词，以“大声”为例，如“大声喊道”，“大声”直接描摹动作“喊”的方式。再如“科学家大声疾呼”，“大声”既可以表示动作的方式，也可以表示动作的状态，前者表现科学家大声地疾呼，后者表现科学家大力地宣传。“大声”表方式和表状态的差别源于所修饰动词的不同，“疾呼”表示具体的动作，动作性强，“大声”表方式义，即用大的声音；当“疾呼”动作性降低时，“大声”表示状态义，即大力地、极力地。前者是直接描摹，后者是转喻描摹。可见，情状副词“大声”表方式

笔记

义和表状态义时所修饰的动词有动作性强和弱的区别。再如“她俩粉墨登场”指演员用粉墨装扮后登场表演，这是对演员表演方式的直接描摹。“这些王朝纷纷粉墨登场”“这些思想重新粉墨登场”，这两句中“粉墨”仍然表方式义，“粉墨登场”语义没有改变，只是整体用来比喻一些王朝和思想出现在大众面前，是隐喻式描摹。“把本色重新粉墨更改”，该句中“粉墨”表状态义，表达“更改”这一动作的性质是遮掩本色。“粉墨”从表示一种装扮的方式转而表示动作的目的和性质，语义更加抽象，所搭配的动词也脱离了“表演”义的限制，描摹的对象从人转为性质，此时是转喻描摹。通过以上分析可见，来源于名词或具备名词性质的词的情状副词，所修饰动词的动作性强时表方式义，所修饰动词的动作性弱时表状态义。

综上所述，既可以表方式又可以表状态的情状副词，在表方式的时候，语义实在，常常是直接描摹或隐喻式描摹；表状态的时候，语义泛化或转化，常常是转喻描摹。从表方式到表状态的变化过程就是情状副词不断虚化的过程。

5.1.3 来源和发展

表方式义还是表状态义，和情状副词的来源有很大关系。表方式义的情状副词来源比较广泛，根据它们的语义分为如下几类：

来源于动词或具备动词功能的词的表方式义的情状副

笔记

词，有如下三类：① 表示人身体某个部位的动作，如“放步”“拱手”“闭目”“埋头”“步行”“直言”“屈膝”。这些词的构成语素“步”“手”“目”“头”“言”“膝”展示出动作的发出者。这类词动作性强，能充当谓语，如“人们屏息”“正埋头擦皮鞋”“连连拱手”“徒步两个多小时”“画师巧匠大约也该袖手了”。充当谓语的情状副词“屏息”“埋头”“徒步”“袖手”动作性都很强，通过助词“正”“了”、副词“连连”、时间短语“两个多小时”都能凸显出动词的动作性较强。据笔者统计，这类词有28个，分别是：放步、举步、信步、纵步、侧耳、比肩、并肩、扼腕、拱手、联手、袖手、携手、闭目、侧目、屈膝、昂首、俯首、翘首、埋头、步行、徒步、健步、快步、稳步、阔步、正步、凝神、屏息。② 表示人的一种行为，这种行为不是人的某个身体部位发出的，如“顺路”“迎风”“滚动”“穿梭”“乘风”。这类词能充当谓语，如“咱顺路”“几片疏叶昂然迎风”“他挨个给大家拨”“挨门登记”。据笔者统计，这类词共有18个：联袂、迎风、滚动、重复、辗转、协商、穿梭、突击、顺路、趁手、顺道、随团、随军、沿街、沿路、乘风、挨个、挨门。③ 表示非人为动作，如“鱼跃”“蜂拥”“鱼贯”“冰消”，该类词据笔者统计共以上4个。这4个词经历了从短语到词的变化过程，如“鱼跃”“冰消”本用作主谓结构的短语“鸟飞鱼跃”“好不容易冰消了”，分别指鱼跃出水面和冰融化两个现象。当“鱼跃”“冰消”融合为词的时候，同样充当谓语，如“怒气也已完全冰消了”“他纵身鱼跃，差点扑了个空”。

来源于名词或有名词功能的词的表方式义的情状副词可以分为两类，分别是：① 表示人的行为结果，如“好言”“尖声”“恶语”等，是人“说”或者“看”这两个动作

笔记

的结果；或是对身体部位的描摹，如“冷眼”“怒目”正眼”；或是和人的行为相关的某一方面，如“武力”“手工”“暴力”“口头”“书面”“背后”。这些情状副词能表现出名词的功能，充当宾语、定语、主语，如“几句刺人的恶语”“看人得用正眼”“使用武力”。这类情状副词连用后也可充当宾语、主语，如“说了些柔声细语”“那些恶言恶语毕竟还是未经核实的一面之词嘛”，句中“柔声细语”“恶言恶语”分别作句子的宾语、主语。“柔声细语”偶尔还可以作谓语，表示说话的方式，如“她弯下身子，柔声细语：‘你还活着。’”。该类词还有：恶言、恶语、托词、怒目、好言、好语、尖声、厉声、曼声、悄声、大声、小声、低声、高声、轻声、细声、柔声、一语、冷眼、正眼、厉色、武力、手工、暴力、口头、书面、背后。② 表示具体的事物，如“粉墨”“粗线条”“一窝蜂”“一阵风”“一溜烟”“一溜风”，这些词可以表现出名词的功能。但是除了“一阵风”，其他5个词用作名词的比例都极小，如“顺风飞来的一窝蜂”“汽车一过一溜烟”。

能够描摹动作方式的情状副词都有非状分布，表现出动词或名词的功能。随着继续虚化发展，这些词进而可描摹动作、事件的状态，这在前一节中已经详细讨论了，这里不再赘述。

笔者统计发现，本文讨论的表方式义或表状态义的情状副词，从古代汉语到现代汉语的使用情况来看，都是沿着副词化的方向发展的，具体表现为两个方面：一是充当状语的比例逐步增大；二是表状态义的比例不断增大。以“携手”“比肩”“大声”“粉墨”4个词为例，这4个词在古代汉语和现代汉语中修饰动词作状语的比例，以及修饰动词表状态和表方式的比例如表5-1所示。

笔记

表5-1 "携手"等词在古代汉语和现代汉语中的用法情况

	古代汉语			现代汉语		
	状语比例	表状态	表方式	状语比例	表状态	表方式
携手	62%	0	100%	97%	52.6%	47.4%
比肩	21%	6.9%	93.1%	71%	4.3%	95.7%
大声	65%	0	100%	88%	16.9%	83.1%
粉墨	10%	0	100%	86%	0.6%	99.4%

表5-1显示，从古至今，"携手"等4个词充当状语的比例都增加了，除"比肩"以外的3个词在状语位置上表状态义的比例也都增加了。以"携手"为例，"携手"本表示人的一个具体动作，在古代汉语中充当谓语和状语，在状语位置上表方式义，如"二人携手，行至帐中坐下""携手出户""携手升堂"。现代汉语中，"携手"几乎都用作状语，且表示状态义的比例显著增加，如"携手打击""携手奋进""携手进军""携手改进"，以上四例中"携手"表状态。"携手"从表方式义"手拉手"转指双方或多方共同地完成一件事情，表示动作的性质或者状态。"携手"也有隐喻描摹表方式义的用法，如"世界各国同舟共济、携手合作"，句中的"携手"和动词"合作""共济"在语义上相通，即表示参与者共同完成的，"携手"隐喻描摹合作的方式，使得表达效果更加形象具体。当然"携手"作为动词的用法还是有的，如"应继续携手，并肩振兴祖国大业"。分析可见，

笔记

“携手”从古代汉语到现代汉语一直存在充当谓语和充当状语的用法，现代汉语中又出现表状态义的用法，整个过程展现出“携手”不断副词化。

综上所述，从非情状副词转化到情状副词，从表方式义转到表状态义，是表方式和状态类情状副词的来源和发展的路径。

笔记

5.2 隐喻转喻类情状副词

隐喻和转喻都是人类的基本认知模式，语法学界对这两种认知模式的本质、关系、鉴别标准等方面，从不同的理论角度进行了研究，尽管各派的观点和研究结果存在差异，但是对隐喻和转喻的基本认识还是基本一致的。本节将结合隐喻和转喻两种认知模式的基本特征对情状副词加以观察和分析。

情状副词修饰动词的时候，用隐喻和转喻对动作的方式或状态加以描摹。首先，隐喻式描摹中，情状副词和动词的语义存在相似性，两者之间是比喻关系，前者是喻体，后者是本体。转喻式描摹中，情状副词和动词的语义之间没有直接联系，但是情状副词转指的另一语义对动词加以描摹。以情状副词“携手”为例，如“世界各国携手合作”，“携手”对动作“合作”是隐喻式描摹，两者之间是比喻关系，把国家间的合作关系比喻为人的动作行为“携手”，虽然国家之间的合作关系和人与人之间的“携手”动作分别属于不同的认知域，但是两者都侧重表示友好共进。再如“各国为实现人类社会可持续发展而携手奋进”，“携手”对动词“奋进”是转喻式描摹，两者语义之间没有直接联系，句中“携手”动作先转指国家间的合作关系，再表述“奋进”是各国共同参与合作的。人与人携手产生合作关系，携手动作和合作性质之间是借代关系，两者在语义上有相关性。因此，例句中对

笔记

动词“奋进”描摹的是动词“携手”因借代修辞手法转指的合作性质。

同一情状副词和不同的动词搭配表现出不同的描摹方式，这取决于情状副词和动词在语义上是否有重叠。以上分析显示“携手”搭配动词“合作”的时候是隐喻式描摹，搭配“奋进”的时候是转喻式描摹。“携手”和“合作”在语义上都包含“合作性”这一义项，这是“携手”与“合作”建立比喻修辞关系的语义基础。再如“各国齐心合力、携手共进”“同胞们携手并进”，句中“携手”和动词“共进”“并进”都存在义项重叠，三者都包含“共同”这一义项，因此两句中“携手”都对所修饰动词作隐喻式描摹。当“携手”和动词在语义上没有重叠时是转喻式描摹，如“携手进军”“携手缔造”，“进军”“缔造”和“携手”之间没有语义项重叠，“携手”先转指语义“共同”，然后再描摹“进军”和“缔造”的行为是众多个体或团体共同实施的，属转喻式描摹。

两种描摹方式，特别是转喻，不但增强了语句表达的形象性，同时也扩大了情状副词的描摹范围，增加了情状副词搭配动词的种类。隐喻式描摹有的表方式，有的表状态；转喻式描摹都表状态，且都带有一定的主观性。

5.2.1　范围与分布

笔记

能够对动词进行隐喻式描摹的情状副词可以分为两大类：有非状分布的情状副词和基本唯状的情状副词。

第一类有非状分布的情状副词可以分为动作性强的状中结构情状副词和名词性强的偏正结构情状副词。前者如：鱼跃、蜂拥、龟缩、冰消、乘风、鱼贯。后者如：一窝蜂、一溜烟、一阵风、一溜风。这类情状副词除了对动词进行隐喻式描摹，偶尔也在状语位置上对动词直接描摹，有时还表现出动词或名词的功能。首先，该类情状副词在状语位置上对动词进行隐喻式描摹，如“鱼跃冲顶破门”“蝴蝶鱼贯飞行”“雀蜂拥争水解渴”“几个项目乘风而上”。上面的例句中“鱼跃”“鱼贯”“蜂拥”“乘风”用隐喻的方式描摹动作，“鱼跃冲顶破门”形容运动员进球时候的姿势如同鱼跃出水面。这样的描摹通过隐喻的手法增强了生动性。以上情状副词和动词位置较近，比况关系隐含在语义内，此外也有凸显隐喻手法的，如“小家伙蜂拥一般地钻了进来”“苍蝇蜂拥似的叮着它们”“一窝蜂似的竞相盲目发展”。例句中的“蜂拥”“一窝蜂”和动词之间插入了“一般地”“似的”来凸显两者之间的隐喻。从以上例句中可以发现，情状副词隐喻式描摹的动作，其发出者很广泛，有人，有动物，有事件，还有泛化的生命度低的动作主体。该类情状副词有时也在状语位置上对动词进行非隐喻式描摹，如“小鸟乘风飞去”，“乘风飞去”的动作发出者是一只鸟，鸟是能够乘风而飞的，因此这里没有隐喻描摹，仅仅是对客观情况的描述。其次，该类情状副词中动作性强的可直接充当谓语，表现出动词的功能，如“野兔们在自己的洞中龟缩着身子”“蜂拥着热心的朝拜者”“植被繁茂，凫飞鱼跃，生机重现”，例句中的“龟缩”“蜂拥”“鱼跃”都是直接充当谓语的；该类词中名词性强的情状副词可充当主语、宾语，如“一阵风吹翻她的头发”“形成一窝蜂”。

笔记

第二类基本唯状的情状副词如：飞速、飞步。这两个词表示速度和飞一样快。语义中自带比喻修辞手法，因此其修饰动词的时候都归入隐喻式描摹，如“时代飞速发展”“摩托艇飞速前进”“经济飞步跨上了一个新台阶”“侦察员飞步上前”等，“飞速”“飞步”都表示“发展”“前进”“跨”“上前”的速度非常快，它们描摹的对象也是很广泛的，如“时代”“摩托艇”“经济”“侦察员”，从人物到事件，可见它们搭配的动词范围也很广泛。

转喻式描摹即情状副词在描摹动作的时候，常常借用具体的事物或人的动作行为形象地表述抽象的事件和状况，从而达到形象、简洁的表达效果。从语义来看，能够进行转喻式描摹的情状副词有两类：动作类和物质类。

动作类情状副词表示人的动作行为，如屏息、快步、稳步、拱手、埋头、拂袖等。以上这些词本义是表示人的一个行为动作，后来转指人在发出这些动作时表现出来的情感。如“拂袖”这个动作是因生气而发生的，因此“拂袖”在修饰动词的时候，直接表达出动作发出者生气的情绪，即用一个动作转指一种情绪。如“拱手让给了曼联队”“埋头创作”“拂袖而去”，句中“拱手”“埋头”“拂袖”都表示人的动作，在修饰动词“让”“创作”“去”的时候，分别从表示动作转而表示人的妥协、努力、生气。这类情状副词因为表示人的动作行为，因此动作性强，可以作谓语，如“埋头于设计室”“老田梗着脖子愤然拂袖”“同仁连连拱手”，情状副词在谓语位置上充分表现出动作义。

物质类情状副词有粉墨、粗线条等。“粉墨”和“粗线条”在修饰动词的时候情况不同。“粉墨”和“登场”的搭配已经固化，名词性语素组“粉墨”修饰动词性语素组“登

笔记

场”，这里的“粉墨”已经不能算作情状副词了。另外，“粉墨”也可作为一个情状副词直接修饰动词，如“粉墨更改”“粉墨效劳”。粉墨装扮表演会给人以正式和隆重的感受，同时也看不到演员的真实面容，因此“粉墨”可以转指打扮的目的和效果，即“正式地”“彻底地遮掩”“隆重地”。“粉墨”修饰动词“更改”和“效劳”就是通过转指“彻底地遮掩”和“隆重地”表示“更改”和“效劳”的效果和性质。“粗线条”在状语位置上基本都是对动作的转喻式描摹，如“粗线条地规定”“粗线条扫描”。“粗线条”指笔道粗的线条，这类线条在绘画的时候多用来勾画大致轮廓，因此“粗线条”转指行为结果的框架性特征。“粗线条”修饰动词“规定”和“扫描”，分别表示大体上的规定和轮廓性扫描。状语位置上，“粗线条”也有直接描摹动作的情况，但是很少，只占有效例句的2.2%左右，如“一幅粗线条勾画的地图”，“粗线条”表示勾画的方式是用粗线条，因此是对事实的陈述，是直接描摹。除了作状语，这两个词还可以充当定语、宾语、谓语，如“粉墨生涯”“不加粉墨”“将那些著名的技术人物粉墨一番”“几个粗线条的形体”“以粗线条为主”。从这些非状分布可以看出转喻类情状副词的来源。

部分情状副词依据所搭配动词的语义，时而隐喻描摹，时而转喻描摹，这类词有联袂、携手、昂首、比肩、并肩、屈膝等。这些词在状语位置上表隐喻的情况如“大老板联袂合作”“各国携手合作，各展所长”“他们组屈膝投降了”“昂首挺进决赛”。“联袂”“携手”都指手拉手的动作，“屈膝”指下跪动作，“昂首”指高高抬着头，这些动作分别表达了动作发出者共同进步、妥协退让、自豪的态度，与所修饰的动词在语义层面有相通之处，因此这些情状副词是从比喻的

笔记

角度对动作加以描摹的，即隐喻描摹。这些词也对所修饰动词进行转喻式描摹，如“联袂访汉”“携手化解”“屈膝奉承”“昂首进入了决赛”，句中情状副词描摹动作“访汉”“化解”“奉承”“进入”时，在语义层面上和动词之间没有相通，且都转指一种处事态度，即共同、妥协退让、自豪，从性质上对所修饰事件或动作加以描摹。可见，当情状副词和所搭配的动词在语义上相通时，属隐喻式描摹；当两者语义不相通时，属转喻式描摹。以上讨论的这些词因为动作性强也可以单独使用作谓语，表示一个具体的动作行为，如“继续携手”“或斜视，或昂首，或沉默”。由此看出，时而表隐喻描摹、时而表转喻描摹的情状副词动作性很强，语义中包含方式义、性质义就是其表隐喻或表转喻描摹的语义基础。

5.2.2 语义与表达

从表达来看，隐喻式描摹中突出的是情状副词和动作所表语义之间的相似性，转喻式描摹突出的是两者之间的相关性。

首先，情状副词隐喻式描摹动作的方式和状态时突出相似性，这类词有鱼跃、蜂拥、龟缩、冰消、乘风、鱼贯。以“鱼跃”为例，“河里鱼跃蛙鸣”“鱼跃扑救”：前一例中，“鱼跃”是短语性质，表示鱼跃出水面的情况；后一例中鱼跃表示动作义，即描摹扑救动作像鱼跃出水面的样子，“鱼跃”和“扑救”两个动作具有相似性。再如“利用三个鱼跃头顶球的动作”，例句中“鱼跃”形象地描绘出球员顶球的动作情况。

笔记

同理，“龟缩”“鱼贯”“冰消”的隐喻式描摹也是基于与所描摹动作存在相似性，如“龟缩隐藏在眼镜后面”“鱼贯通过检查口”“大道理仿佛冰消瓦解了”。其次，动作性不强的情状副词凸显性质义，与所描摹动作的性质具有相似性，这样的词有一窝蜂、一溜烟、一阵风。如“一窝蜂地挤进了养殖狸獭的大军”“一窝蜂拥进火车站”，“一窝蜂”表示短时间内聚集的状况，分别生动地描摹出挤进养殖行业的人和拥进火车站的人短时间内聚集的状态，属于隐喻式描摹。再如“一阵风似的离开”“一溜烟地把车开跑了”，“一阵风”和“一溜烟”分别描摹离开和开车的速度非常快，这种描摹是建立在情状副词和动作性质相似性的基础上的。

从上面的分析可以发现，建立在情状副词和动词语义相似性基础上的比况式描摹，描摹对象通常为具体的动作行为；建立在情状副词语义和所描摹动作特征相似性基础上的隐喻式描摹，所描摹的对象几乎都是事件。最后，比况结构性质的情状副词，如“飞步”“飞速”，修饰动词的时候时而表方式，时而表状态。如“少年飞步奔回”“飞步上楼”，“飞步”的构词中有语素“步”，因此语义侧重表示步伐，在状语位置上描摹动作“奔”和“上楼”的速度时也描摹出步行的运动方式，因此，“飞步”搭配的动词都和动作“走”相关，描摹的都是人的动作，“飞步”表现出的是方式义。“飞速”表达速度快的程度，不论搭配怎样的动词，描摹的都是动作的性质。如“飞速逃走”“飞速离开”“飞速增长”“飞速前行”，动词“逃走”和“离开”的动作性强，而“增长”和“前行”的动作性弱，“飞速”表达的是速度快的性质。总之，这类情状副词的隐喻式描摹是建立在情状副词动作义、性质义和动词语义有相似性的基础上的。

笔记

情状副词对所搭配动词作转喻式描摹时突出相关性，主要表状态。动作性强的情状副词和所搭配的动词语义之间是没有相似之处的，只有相关性。它们在直接描摹动作的时候表方式，在表转喻式描摹的时候表状态。这类词有携手、联袂、昂首、并肩、比肩、屏息、快步、稳步、屈膝、拱手。如“屈膝盘坐”“昂首屹立的战马”，“屈膝”是盘坐的方式，“昂首”是马屹立的方式。此外也有表方式、表状态两可的情况，如“夫妻携手献血”：“携手”既可以表示献血的时候手拉手的动作，直接描摹夫妻俩手拉手同时去献血；同样，“携手”也可以从动作转指共同做一件事情，表示夫妻俩都做了献血这件事，对所修饰动词作转喻式描摹，表状态。再如“携手寻求共同利益”“昂首离开”“屈膝唯命是从”，例中“携手”转指寻求共同利益时各方共同做出努力，“昂首”转指离开时的态度是自豪和骄傲的，“屈膝”转指唯命是从的行为是妥协和退让的性质。转喻式描摹是建立在情状副词和动词语义相关的基础上的。动作性强的情状副词不再凸显动作义，转而凸显性质义，其所描摹的对象不再局限于生命度高的个体，拓展了情状副词的描摹空间。

总之，隐喻式描摹建立在情状副词和动词语义相似的基础上，转喻式描摹是建立在动词和情状副词语义相关的基础上的，两种方式都有表达生动、形象的效果。从动作行为相似到动作的性质相似，从直接描摹到转喻描摹，情状副词描摹的范围不断扩大。

情状副词对动作的隐喻式和转喻式描摹生动形象，表达出说话人的主观认识和判断。以“蜂拥”和“一窝蜂”为例，“蜂拥”和“一窝蜂”分别描摹动作的方式和状态，都表示动作的参与者多，后者有贬义色彩。如“农民也蜂拥上山”“几

笔记

万人蜂拥而来”“一窝蜂的出游方式，造成交通堵塞”“记者一窝蜂地追在明星后面，以图获得消息换得利益”，“蜂拥”在描摹“上山”和“来”的动作时没有表现出赞同或者批评的态度，而“一窝蜂”表现出不满意的态度，这从后接分句中的“造成”和“以图”两个词可以看出。“蜂拥”是用比喻的方式描摹客观情况，属于对主观认识的客观表达；“一窝蜂”除了客观表达主观认识以外，还表达出说话人对事件不认同、不赞成的情绪。可见，在描摹动作的时候，“一窝蜂”的主观性强于“蜂拥”。再以“昂首”“拱手”为例，前者表达说话人的赞扬之意，后者表达说话人的惋惜之意，如“昂首挺进八强”“昂首飞向苍茫宇宙”“拱手让给别人”“把主动权拱手让给了全力追赶的曼联队”，“昂首”流露出说话人对挺进八强和火箭飞向宇宙的赞扬之情，“拱手”流露出说话人对让出主动权的惋惜。在转喻式描摹中，本义表示人的动作的情状副词在描摹所修饰动词的时候很容易成为说话人传达感情的途径，因为人的动作本身就是主观想法的表现，比如“屈膝”表示软弱之义，“联袂”“比肩”“并肩”“联手”表示平等和共同之义。

5.2.3 发展趋势

笔者分别对隐喻式和转喻式描摹的情状副词在古代汉语和现代汉语中的使用情况做了统计和对比。结果显示隐喻式描摹的12个情状副词中有4个词充当状语的比例呈现下降

笔记

趋势；转喻式描摹的12个情状副词中只有1个词充当状语的比例下降，其他11个词呈上升趋势。统计结果如表5-2和表5-3所示。

表5-2 隐喻式描摹情状副词在古代汉语和现代汉语中作状语情况

隐喻式描摹情状副词	古代汉语中作状语比例	现代汉语中作状语比例
鱼跃	6%	31%
蜂拥	98%	94%
乘风	28%	12%
鱼贯	77%	95%
一窝蜂	59%	73%
龟缩	0%	9%
冰消	0%	19%
一阵风	14%	13%
一溜烟	87%	96%
飞速	98%	100%
飞步	67%	100%
一溜风	100%	83%

表5-3 转喻式描摹情状副词在古代汉语和现代汉语中作状语情况

转喻式描摹情状副词	古代汉语中作状语比例	现代汉语中作状语比例
携手	62%	97%
联袂	63%	93%

笔记

续表

转喻式描摹情状副词	古代汉语中作状语比例	现代汉语中作状语比例
昂首	36%	91%
并肩	68%	84%
比肩	23%	43%
屏息	30%	67%
快步	100%	80%
稳步	35%	100%
屈膝	21%	27%
拱手	77%	92%
粉墨	10%	86%
粗线条	0%	44%

表5-2和表5-3显示，“龟缩”“冰消”到了现代汉语中才充当状语，“粗线条”是现代汉语词，古代汉语中没有该词的用例，以上三个词在古代汉语中作状语的比例为0。“乘风”充当状语的比例虽然下降了，但是仍充当状语或谓语，如“龙乘云，鸟乘风”“正乘风逐浪”“乘风而至”“有乘风北上之势”。前两例中“乘风”是短语性质，充当谓语，后两例中是情状副词，隐喻式描摹所修饰动词。“一阵风”和“乘风”的使用情况类似，作状语的比例下降1%左右，仍有状语以外的句法分布。“蜂拥”“一窝蜂”“快步”充当状语的比例降低，但增加了宾语、谓语的分布，如“他们喜欢一窝蜂”“求

笔记

购者蜂拥”“不能一窝蜂”。前一例中的“一窝蜂”指称所有具有一拥而上性质的事件，后两例中的“蜂拥”和“一窝蜂”陈述主体像一窝蜂似的做一件事情。在古代汉语中，“一窝蜂”“蜂拥”没有这样的用法。表5-3显示，“快步”作状语的比例下降，增添了充当宾语、谓语的功能，如“灵巧的快步，呼咚咚地跑往桥南。”“快步吧！”不同的是，作宾语、谓语的“快步”是由名词性和动词性 × 步式情状副词类推产生的，下一节详细讨论。

隐喻式描摹、转喻式描摹虽然方式不同，但都增强了表达的生动形象性，流露出说话人的情绪。

笔记

5.3 X步类情状副词

有情状副词分布特征的X步类词有安步、信步、正步、纵步、平步、徐步、健步、阔步、放步、举步、同步、大步、快步、疾步、飞步、稳步、寸步、一步、初步、逐步、徒步。以上这些词中是情状副词的有快步、疾步、一步、飞步、逐步、稳步、徐步、健步、阔步、放步、大步、寸步；情状副词和名词兼类的词有信步、纵步、徒步；情状副词和动词兼类的词有同步、寸步、徒步。除了上面的18个词，还有向情状副词发展的动词，如平步、安步、举步。这3个词虽还不是情状副词，但具备一定比例的情状副词的分布和语义描摹特征，是实词开始虚化的很好例证，因此也在本书的研究范围之内。从兼类情状副词到双功能加词，再到情状副词，是实词虚化的连续统，这在以上列举的21个X步类词中能表现出来。

5.3.1 分布与搭配

以上21个X步类词都可以充当状语，但作状语的比例不同，由此带来性质和发展方向的差异。以“平步”和“纵步”为例，如：

笔记

① 善于平步登天的蚂蚱，整天嗡嗡造谣的马蜂……顿时在笼子里死了一大片。

② 随着最后一位选手纵步跨过男子马拉松赛的终点，奥运百年盛会奏响了落幕的乐章。

例①中"平步"作状语的比例是4%，作谓语的比例为96%，其中94.6%的情况是以四字词语"平步青云"的形式出现的，如"他却平步青云，坐取公卿"。动宾结构短语"平步青云"充当谓语，短语中"平步"是动词，基本上都是和"青云"搭配。可见，"平步"虽然有状语分布，但作状语的比例较小，此时仍然是动词。同样情况的还有安步、举步。这是动词开始虚化的表现。例②中的"纵步"充当状语修饰动词，其状语分布比例是69%，充当谓语、介词宾语的比例分别是17%、14%，如"偶纵步东郊北园一带""忙用纵步侧踹阻击"。"纵步"的状语分布虽然过半，但同时具备一定程度的动词和名词特征，因此"纵步"是兼类情状副词，同样的词还有信步、正步。

兼类的情状副词直接发展为情状副词的有阔步、健步、徐步。以上3个词虽然同时有状语、宾语、谓语的分布，但是状语的分布占主导，3个词的状语分布比例分别是87%、79%、80%。如"男士不敢昂首阔步""整天健步于田径场""在河边皂荚树下徐步""中国正在迈开阔步""迈健步，着戎装"。前面三个例句中"阔步""健步""徐步"作谓语，"阔步""健步"在后两例中充当宾语。"阔步""健步""徐步"充当谓语的比例分别是13%、19%、20%，"阔步"和"健步"充当宾语的比例分别是0.2%和2%。同样情况的词还有放步。这类词沿着副词化的方向继续发展，充当状语的比例

笔记

会大大提升，如大步、寸步充当状语的比例都在90%以上，同时仍然有少部分非状分布，如“他迈开大步追去”“寸步开外看不见”，“大步”“寸步”分别作宾语和主语。这样的非状分布偶尔出现，只有1.2% ~ 8%的比例。

兼类的情状副词先发展为双功能加词的有初步、徒步、同步。这3个词都是双功能加词，加词分布之和分别达到了99%、93.3%、88%。名词前加词分布如“初步名单”“徒步旅行者”“一颗同步卫星”。动词前加词分布如“初步讨论”“徒步跋涉”“同步提高”。“初步”和“徒步”的动词前加词占各自双功能加词总数的比例达到93%，而“同步”的两种加词分布均衡一些。可见，“初步”“徒步”的副词化程度高于“同步”。这个阶段的“初步”“徒步”“同步”因为动词前加词和名词前加词的分布占优势，因此归入双功能加词。如果它们继续发展的话，名词前加词转向动词前加词，成为唯状的情状副词，和“快步”“疾步”“一步”“飞步”“逐步”“稳步”一样只充当状语。笔者统计了21个X步类词的句法分布特征，其词性归类和发展历程如表5-4所示。

表5-4 21个X步类词的句法功能及词性统计

X步类词	句法功能/%				词性
	作谓语	作（介）宾/主语	修饰动词	修饰名词	
平步	96	/	4	/	动词
安步	94	/	6	/	动词
举步	74	/	26	/	动词

笔记

续表

<table>
<tr><th rowspan="2">X 步类词</th><th colspan="4">句法功能 /%</th><th rowspan="2">词性</th></tr>
<tr><th>作谓语</th><th>作（介）宾 / 主语</th><th>修饰动词</th><th>修饰名词</th></tr>
<tr><td>信步</td><td>39</td><td>/</td><td>61</td><td>/</td><td>兼类词</td></tr>
<tr><td>纵步</td><td>17</td><td>14</td><td>69</td><td>/</td><td>兼类词</td></tr>
<tr><td>正步</td><td>1</td><td>53</td><td>45</td><td>/</td><td>兼类词</td></tr>
<tr><td>徐步</td><td>20</td><td>/</td><td>80</td><td>/</td><td>情状副词</td></tr>
<tr><td>阔步</td><td>13</td><td>0.2</td><td>86.8</td><td>/</td><td>情状副词</td></tr>
<tr><td>健步</td><td>19</td><td>2</td><td>79</td><td>/</td><td>情状副词</td></tr>
<tr><td>放步</td><td>11</td><td>/</td><td>89</td><td>/</td><td>情状副词</td></tr>
<tr><td>大步</td><td>/</td><td>8</td><td>92</td><td>/</td><td>情状副词</td></tr>
<tr><td>寸步</td><td>/</td><td>1.2</td><td>98.8</td><td>/</td><td>情状副词</td></tr>
<tr><td>徒步</td><td>6</td><td>0.7</td><td colspan="2">93.3</td><td>双功能加词</td></tr>
<tr><td>同步</td><td>12</td><td>/</td><td colspan="2">88</td><td>双功能加词</td></tr>
<tr><td>初步</td><td>/</td><td>/</td><td colspan="2">99</td><td>双功能加词</td></tr>
<tr><td>快步</td><td colspan="2">1%</td><td>99</td><td>/</td><td>情状副词</td></tr>
<tr><td>疾步</td><td colspan="2">1%</td><td>99</td><td>/</td><td>情状副词</td></tr>
</table>

笔记

续表

X步类词	句法功能/%				词性
	作谓语	作（介）宾/主语	修饰动词	修饰名词	
一步	1%		99	/	情状副词
逐步	1%		99	/	情状副词
飞步	1%		99	/	情状副词
稳步	1%		99	/	情状副词

表5-4显示出了X步类词的发展状况，恰巧是从实词到情状副词的发展轨迹，即从动词发展到与情状副词兼类的词，再到双功能加词，最后到情状副词，其中双功能加词不是实词虚化的必经过程。

5.3.2　搭配范围的比较

根据《现代汉语词典》对“步”作出的不同解释，现将21个词加以分类。

①“步”表示用脚走，包含此语素义的有平步、安步、信步、徐步、健步、徒步、快步、疾步、飞步、稳步。以上10个词中的“步”分别表示不同的走路方式。因此，它们充

笔记

当状语的时候，与走相关的动词都可以和它们搭配使用。除了“平步”“安步”，其他8个词都可以修饰动词“走”或由“走”构成的动词组，如“信步走进大宴会厅”“一位徒步走完全程的队员”“飞步走往办公地点”“稳步走上指挥台”。以上例句中的“信步”“徒步”“飞步”“稳步”在修饰动词的时候都表现出了用脚走，即“步”的语义。这10个词都可以修饰和“走”语义相关的动词或词组，常见的有进、迈、追、步入、登上。这10个词中，只有“平步”和“安步”刚开始虚化，能搭配的动词极少，如“平步登天”“平步开进雅典”“安步迈上山坡”“安步逛书摊”。其他8个词能搭配的动词范围较广，如“信步游览”“徒步踏遍祖国大地”“疾步穿梭”“徐步驶行”。上面例句中的“信步”“徒步”“疾步”“徐步”修饰的动词都表示位置的移动变化，但“步”的语义泛化了，不再局限于“用脚走”。“快步”和“稳步”可以搭配和动作“走”以及位置移动无关的动词，如“快步融入国际市场”“快步实现”“快速稳步发展”“稳步推进”。上面例子中“快步”和“稳步”分别修饰动词“融入”“实现”“发展”“推进”，这些动词和动作“走”没有语义层面的联系，且语义抽象，其中“步”的语义完全虚化，此时“快步”“稳步”分别和“快速”“稳速”语义接近。从上面的分析可以发现，“步”的语义虚化程度越高，X步类词所搭配的动词范围越广，排序如下所示：平步、安步 < 信步、徐步、健步、徒步、疾步、飞步 < 快步、稳步。

②“步”表示步行时两脚之间的距离。该类词有寸步、一步、举步、纵步、正步、阔步、放步、大步。该类词中偏正结构的X步类词有寸步、一步、正步、大步，在充当状语

笔记

的时候体现出“步”义的词有“寸步”和“一步”，如“店主就一步不离地紧跟着”“护士寸步不离守护在她身边”，句中“一步”和“寸步”分别指一步远的距离和极短的距离。以上4个词都可以搭配和动作“走”相关的动词，如“寸步难行”“一步登天”“正步走过”“大步跨越”。“一步登天”中的“一步”从表示一步的距离转为表示动作走一步，进而表示便捷地，“一步”的语义发生了改变。“寸步”虽然可以与动作“走”相关的动词搭配，但是这些动词的数量不多，而且搭配有固化倾向，如“寸步不让”“寸步难行”。“正步”特指一种走路方式，基本上只修饰动词“走”或者“通过”。“大步”表示步伐的距离远，修饰动词“跨越”的时候表示方式。“大步”除了修饰和动作“走”相关的动词，还可以修饰其他语义类动词，如“大步提高”“实现大步发展”，这里的“大步”表示大幅度，从表示步伐距离远转为表示变化幅度大，和“步”的本义没有直接关系，“步”的语义虚化。以上4个词中“大步”语义虚化程度最高，搭配的动词范围最广；“正步”语义不变，搭配的动词最少。该类词中动宾结构的X步类词有举步、纵步、阔步、放步，这4个词在修饰动词的时候语义没有明显变化，无一例外都修饰和动作“走”相关的动词，这里不再赘述。从上面各词的语义变化程度可以看出这8个词搭配动词范围的广度，递增顺序如下：正步 < 寸步<一步、举步、纵步、阔步、放步 < 大步。

③“步”表示阶段。该类词有同步、初步、逐步。与上面两类词相比，“步”在这里的语义虚化程度更高了，和动作“走”以及表示远近的距离没有直接联系，因此搭配动词的范围比较宽，如“同步进入小康社会”“同步提高”“同步出

笔记

版”“初步形成”“初步控制”“逐步恢复”“逐步渗入表皮”。这3个词搭配的动词从与动作“走”相关发展到和动作“走”无关。可见，这类词的语义虚化程度最高。

通过上文对21个词搭配范围的比较分析可知，快步、稳步、大步、同步、初步、逐步6个词所搭配的动词范围最广，“步”语义虚化程度最高，它们都是典型的情状副词。“步”语义虚化程度低、状语分布频率颇高的5个词是徒步、寸步、一步、飞步、疾步，与这些词搭配的动词只能和动作“走”相关。以上讨论的21个词搭配修饰的动词数量的多少与“步”虚化程度息息相关。

5.3.3 表达功能

情状副词对动作性质、状况的描摹来自说话人对动作的观察、判断，有时还有评价，这些都是主观认识和主观情感的表达。不同语素、不同构词方式构成的情状副词所表示的主观性程度是不同的，说话人选用的情状副词是说话人主观认识和主观情感的直接表达。从描摹的效果来看，21个X步类词有如下三种性质：

① 基本描摹。这种描摹的目的在于叙述清楚动作发生时候的情况，是对客观事实的写照，体现了表达的准确性。如“一队武警战士，护卫着鲜艳的五星红旗，正步走入会场”“领导在河岸徒步走了两个来回”“他稳步走上指挥

笔记

台”“快步走上前去”，这里的“正步”“徒步”“稳步”“快步”分别描摹出动作“走”的方式和状态，其中“稳步”描述了“走”的状态。对动作“走”的各种方式和状态的描述来源于说话人对客观情况的观察，是主观认识的一种。在上面的4例中，“正步”“徒步”“稳步”“快步”都搭配了动词“走”，自身语义没有发生变化，所描摹动作的发出者都是生命度高的人。说话人选用了没有主观性表达的“正步”“徒步”“稳步”“快步”来描摹人的走路动作，从表达的方式到表达的内容都是说话人观察的客观内容。

② 转喻描摹。这种描摹的目的在于对事件、情况进行准确描述。事件、情况和动作不同，动作具体呈现在眼前，容易观察和描述；事件、情况是抽象的，只能通过说话人的认识和判断来帮助描述，也体现出表达的形象性。如“政府则寸步不让，双方谈判失败”“制约了电力的快步发展”“中国航天事业阔步前进”“市场大步前进”，“寸步不让”是一个趋向固化的搭配，本指即使很短小的距离也不相让，在句中转喻为政府在谈判中坚持立场不退让的行为。政府的行为是客观事件，说话人通过对事件的观察并判断事件的性质后，选用“寸步不让”来描述，表达的不仅是观察结果，还有说话人对事件的判断。“快步”“阔步”“大步”本指人走路的步伐快，步伐大，但在例句中都转喻为事业、市场发展的速度快，自身语义泛化，所描摹对象的生命度降低。从表达内容到表达方式都充满了主观性，这是说话人对发展速度的判断。

③ 夸张描摹。这种描摹融入了说话人的评价，因此是主观性最强的一种描摹，体现了表达的生动性。如“又飞步赶

笔记

上开走的列车，抓住了歹徒”“店主就一步不离地紧跟着”，“飞步”是指飞一样快的步伐，语义中带有夸张的成分，用来强调速度特别快，说话人选用“飞步”修饰“赶上”，除了描述赶的时候速度极快，还通过“飞速”表达对动作发出者的肯定和赞扬，是主观情感的表露。“一步不离”中的“一步”用夸张的方法强调很短小的距离，说话人选用这个词是对事件的评价，认为店主对客人跟得非常紧。可见，夸张描摹表达的内容包含主观评价和主观情感，主观性最强。

21个X步类词修饰动词时，所描摹动作的逻辑主语有差异，这和该词自身语义虚化程度有关系。首先看描摹对象范围小的词，如“平步”“安步”“举步”，这3个词虽然可以修饰动词，表现出副词的功能，但是描摹对象单一。以“举步”为例，其状语分布为26%，如“举步上前”“举步进入会场”“举步行走”“举步跨过”“举步迈进”“举步腾飞”。“举步”所修饰动词的发出者中仅0.7%不是生命度高的人。“安步”“平步”充当状语描摹动词的比例分别是6%和4%，所描摹动作的发出者都是生命度高的人，如“首长们安步迈上山坡”“部队平步开进雅典”。除了作状语，“举步”“平步”“安步”更多的是分别在四字述宾短语“举步维艰”“平步青云”“安步当车”中充当述语。从述宾短语中的动词发展到句中状语，是这3个动词已有的虚化轨迹，与其他18个词相比算是虚化的开端，虚化程度低决定了它们作为状语所搭配的动词数量非常有限，所描摹的动作的发出者都是人。21个X步类词中唯状的有快步、疾步、一步、飞步、逐步、稳步。以“疾步”为例，如“疾步行走”“电话公司和有线电视公司

笔记

疾步走来，他们要为未来社会提供信息网络”。“疾步”既可以描摹生命度高的人的动作，也可以描摹生命度低的公司的行为，把公司的快速发展转喻为人的急速行走，“疾步”的语义泛化。从“疾步”的表达功能和语义变化来看，其虚化程度比较高，虽然“疾步”搭配的动词都和动作“走”有关，但是“疾步”的语义已经泛化，所以描摹的动作的发出者扩展到了生命度低的团体。

X步类词所搭配的动词的范围除了和自身虚化程度有关，还和自身语义特征有关，如处于加词阶段的“同步”正在向唯状方向发展，其体现关联功能的例句仅占3.6%，从虚化程度来看，当然比不上“快步”等6个唯状情状副词，但是“同步”搭配动词的范围同样广泛，如“与其他学生同步学习”“矿产资源开发与环境保护治理同步发展”“与生产同步增长”。“同步”描摹的对象从学生到开发和治理行为，再到生产效率等抽象概念，范围广泛，而且搭配的动词分属不同语义种类，如“学习”“发展”“增长”，比唯状的词搭配动词的种类多。这主要是由于“同步”的语义对动词的限制少，很多动作都可以是“同步”发生的，而“快步”“一步”“飞步”“逐步”“稳步”的语义对动词的限制多，如动作是否快、是否细致、是否稳健等。

可见，一般情况下，虚化程度高的情状副词描摹动作的发出者的生命度高低不受限制，而虚化程度低的情状副词常常只能描摹生命度最高的人发出的动作，但这不是绝对的，因为情状副词的词汇意义对所搭配动词的选择也有很大影响。

笔记

5.3.4 发展趋势

“平步”“安步”“举步”“信步”“徐步”“放步”的状语分布比例差异大，在4% ~ 89%之间，但它们都有浓厚的文言气息，因此在现代汉语的表达和口语体表达中不太适合。比如“放步”，它的状语分布最高，常常出现在近代小说、散文中，如“觉新在他们的身边走过，并不曾给他们拦住，就放步向前走了”“杨过不理郭靖死活，仍是放步急奔”“万里路非放步走去不可”。其他几个词也是这样，如“新秋已徐步来到人间，紫金山边白茫茫的细雨继续地洒向枯槁的园林，怪令人可爱的，习习轻风，吹向两腋，精神为之一振”。这些词即使继续副词化，但由于适用的场合和语体不多，也会因为低频使用而导致副词化进程非常缓慢甚至停滞不前。“平步青云”“安步当车”“举步维艰”因为被高频使用逐步发展为四音节情状副词，如“平步青云晋升为中将”“安步当车走了去的”“举步维艰地跟随在他的指挥官身边”。“平步青云”“安步当车”“举步维艰”在句中分别描摹动作“晋升”“走”“跟随”，表现出情状副词的描摹修饰功能。“寸步”“一步”与所搭配动词形成的短语因被高频使用而呈现固化趋势，也有可能形成四音节情状副词，如“日夜寸步不离地守着他”“寸步不让守边疆”“一步不离地跟在林彬的身旁”“一步到位进入日益规范化的市场”“一步登天跳到高级社”。“寸步不离”“寸步不让”“一步不离”“一步到位”“一步登天”的出现频率分别是28%、20%、0.1%、4%、0.8%，

笔记

从使用频率高低来看，出现频率高的“寸步不离”“寸步不让”固化趋势最强。

总的来说，21个X步式有情状副词分布特征的词基本都沿着副词化的方向继续发展，受到自身语义和所在语体的限制，部分词虚化速度比较慢，部分词所在四字短语也露出副词化端倪。

笔记

5.4 小结

情状副词对动作的描摹有表方式义也有表状态义，隐喻式描摹和转喻式描摹凸显说话人的主观性，描摹方式和情状副词的语义特征及自身虚化程度密切相关，X步类词搭配动词的情况和表达功能就是很好的例证。

笔记

6 情状副词的发展趋势和动因

张谊生（2000）从结构形式、语义变化、表达方式、认知心理四个方面论述了与副词相关的虚化机制。杨一飞（2007）认为连动结构受状位、类推原则、双音化趋势等几个方面影响是情状副词的形成机制。笔者认为情状副词的发展趋势可以从三个方面进行观察：首先是指称化和陈述化，部分情状副词因活用而表现出名词或动词的功能，进而发展为兼类词；其次是主观化和情态化，说话人主观情感、评价的流露促使情状副词继续虚化；最后是高谓化和关联化，当情状副词可以远离动词且相关成分缺失的时候，情状副词表现出关联功能。情状副词的三个发展趋势反映出副词虚化与句法成分的省略、语义变化和认知心理相关。

笔记

6.1 指称化和陈述化

情状副词因活用为主语、宾语、谓语等成分，表现出指称化和陈述化，一旦活用频率高于20%，这些词就会成为情状副词和名词或动词兼类的词。以情状副词“存心”“妙手”“婷婷”“裹足”为例，它们的优势分布都是状语，直接修饰动词，如“存心学习他们”“妙手回春”“婷婷玉立”“裹足不前”。“存心”描摹行为动作的性质；“妙手”“婷婷”“裹足”分别修饰“回春”“玉立”“不前”，且有固化趋势。这4个词还可以表指称或表陈述，如“带有向恶德与偏见挑战的存心”“他那双回春的妙手”“山石突起，或孤峰婷婷，或峰从连座”“自卑、畏惧与恐慌交织的情绪又让他裹足”。以上四例中“存心”和“妙手”分别作宾语、主语，表指称；“婷婷”和“裹足”充当谓语，表陈述。这样的用法对4个词而言都属于活用，占比均少于5%。

同类情状副词连用也表指称或表陈述，如“柔声细语”是情状副词“柔声”和“细语”的连用。“柔声”单用时表指称的用例占比0.02%，表陈述的用例占比0.01%，如“用难得的柔声说”“柔声一句‘谢谢！’”。“细语”的情况类似，表指称的用例占0.8%，如“无限温柔的细语”，但没有表陈述的用法。这两个词连用仍然表现出情状副词的特征，且活用后表指称和表陈述的比例分别是15%、10%，如“千万种柔声

笔记

细语在耳边浮游”“她柔声细语：‘你还活着。’”。“恶言恶语”连用后表指称的用法占比高达61%，如“极尽天下恶言恶语来鞭笞他”“一个小时的恶言恶语”。上面两例中的“恶言恶语”都作宾语，指称所有不好的言辞，这时的“恶言恶语”是情状副词和名词兼类的词。情状副词修饰动词时与表指称、表陈述时的语义基本一致，后者是前者的转换式或省略式，如“带有向恶德与偏见挑战的存心”可以转换为“存心挑战恶德与偏见”，“他那双回春的妙手”可以转换为“他妙手回春”，“孤峰婷婷”可以转换为“孤峰婷婷玉立”，“让他裹足”可以转换为“让他裹足不前”。前两例是搭配形式的转换，后两例是固定搭配的省略形式。可见，情状副词表指称和表陈述是建立在修饰动词作状语功能的基础之上的，且语义没有发生变化，转换后表达形式新颖。这是情状副词和名词或者动词兼类的词的形成机制。

情状副词指称化、陈述化的原因有：① 固化搭配的省略。与所修饰动词的搭配呈现固化趋势是情状副词的一个特点，如“婷婷玉立”“粉墨登场”“喋喋不休”等。这些搭配被高频使用，即使后半部分的动词缺失，也不影响语义表达，如“婷婷”就能表达“婷婷玉立”的语义，“粉墨”即“粉墨登场”，“喋喋”即“喋喋不休”，如“人语喋喋”“并不斤斤于一己的苦乐”“求购者蜂拥”“我的孜孜又有什么意义呢？”。以上例句中，“喋喋”“斤斤”“蜂拥”作谓语，“孜孜”作主语中心语，分别表陈述和指称。这里“喋喋”“斤斤”“蜂拥”“孜孜”的语义仍然可以理解为情状副词和动词完整搭配时的语义，即“喋喋不休”“斤斤计较”“蜂拥而至/上/入”“孜孜不倦”，这是由于完整的四字搭配被高频使

笔记

用，呈现固化趋势，上述4个词在有效例句中分别占比94%、83%、71%、69%，因此即使所搭配的动词缺失也不影响完整四字结构的语义表达。② 古代汉语中部分功能的保留。现代汉语中的情状副词在古代汉语中表现出名词、动词的特征，在现代汉语中这些特征仍有保留。“翘首”在现代汉语中和动词搭配的常见情况有：翘首以待、翘首期盼、翘首期待、翘首企盼/祈盼。仅有0.1%左右的用例充当谓语表示具体的抬头动作，如“使世人翘首”。这是因为“翘首”在古代汉语中有19%的用例充当谓语动词，表示“抬头”这个动作，如“八方翘首，万汇欢心”。再如“挨家”通常修饰动词表示动作的方式，但仍有2%左右的用例表陈述，如“挨着家在墙壁上写字呢”。“挨家”是介宾结构的情状副词，汉语中介词源于动词，在特定情况下介词表现出动词的特征，如时间助词“着”的介入，赋予了“挨”动词的性质，“挨家”作情状副词时常表示动作的方式，但在“挨着家”中就表示“一家一家地走”这个行为，表陈述。③ 类推作用下的语义分化。情状副词“妙手”有两种不同的指称内容，一种是古代汉语功能的保留，另一种是类推作用下新产生的。“妙手”修饰动词比较常见，如“妙手偶得”“妙手著文章”。“妙手”也可以作宾语或者宾语中心语，表指称，如“逢缘点化的妙手”“连续下出两招妙手”，这两例中“妙手”都指称高超的技能。这样的用法在古代汉语中也有，如“伯牙虽妙手”。此外，“妙手”还可以指称具有高超技能的一双手，这在古代汉语中没有出现过，如“以一双妙手治愈了很多人”“由这只妙手指挥”。现代汉语中，“巧手”指称灵巧的双手，“妙手”和“巧手”的构词方式相同，而且有相同的中心语素“手”。作为名

笔记

词，“巧手”有“一双巧手”的用法，在类推的作用下，“妙手”也能指称具有高超技能的一双手。

总之，除了古代汉语功能的保留，情状副词在搭配成分缺位、语义分化的促动下呈现出指称化和陈述化的趋势。

笔记

6.2 主观化和情态化

情状副词在描摹动作的方式或状态的时候会流露出说话人的主观判断或评价，如“公然挑起战争”“经济的飞速增长”，“公然”“飞速”在摹状的同时也流露出了说话人对客观事实的评价，前者表达出说话人的惊讶和愤怒之情，后者表达出说话人的惊叹之情。再如“当众，皇室和大臣宣布了消息”，“当众”本来应位于动词“宣布”的前面，为了强调宣布的方式，“当众”移到句首并单独成句，表达出说话人对这种宣布方式的认同。“在众人的注目下，当众毁掉了制作邮品的模板”，这里的“当众”主要是为了表达说话人对销毁方式的强调，而不是修饰描摹动作“销毁”的方式，因为前面“在众人的注目下”已经表达出“当众”的语义，从语义表达来看“当众”冗余，但有强调动作方式的作用。随着主观性表达效果的增强，情状副词会发展为表评价和语气的虚副词。同类情状副词连用也是表达主观情感的一种方式，如“携手并肩抓引进重大项目的工作”“劈头劈脸冷冷地问道”，句中“携手”“并肩”两个同义情状副词连用是为了强调双方合作这一事实，“劈头”“劈脸”连用也是为了强调“问”这一动作的直接和猛烈。连用的两个情状副词即使缺省一个也不会影响句子语义的表达。可见，连用的目的不是传递信息，而是强调说话人对动作行为的评价，如“携手并肩”强调说话

笔记

人对合作的认同态度，“劈头劈脸”表达说话人对“问”的形式不赞同。

情状副词描摹动作的情况和状态，有生动性、精确性等表达效果。而动作的方式、性质、状态都来自人对动作行为的观察和判断，属于一种认知。因此，选用情状副词修饰动词本身就或多或少带有主观性，如“车夫一阵风地追了上来”“女演员翩翩走上舞台”“以令人难以置信的速度追了上来”“她们走上舞台”。“一阵风”形容车夫追上来的速度非常快，这样的比喻来自说话人对客观事实的观察和评价，是主观认识的表达，即使缺省也对句子基本语义的表达没有影响。“翩翩”是对女演员走上舞台时轻快走路状态的描摹，这来自对女演员走路状态的观察和评价，属于主观认识的表达，“翩翩”增强了表达的生动性。“以令人难以置信的速度”也是表示非常快，但与“一阵风”相比生动性不够，而且表达繁冗。“走上舞台”虽然语义完整，但与“翩翩走上舞台”相比，缺乏生动形象性。从这个角度看，说话人使用情状副词的主要目的不是为了传达基本信息，而是为了增强表达的生动性、精确性等。对情状副词的选择是建立在说话人对客观事实观察和评价的基础上的，所以说话人选用情状副词修饰动词的行为就是带有主观性的。

情状副词语义中自带的主观色彩和附加色彩是其表达主观化和情态化的内在因素，隐喻、转喻、重叠是增强主观性的外在因素。部分情状副词在构词之初就融入了主观评价，如“妙手”“柔声”和“冷眼”“龟缩”，分别表达了褒和贬两种评价态度。再如“苦苦”“屡屡”“美美”“纷纷”等词，语素重叠的构词方式都让这些词产生强调的表达效果，而强调是表达主观态度的常见方式。说话人在了解客观情况后，为

笔记

了表达自己的立场，会选用主观性不同或感情色彩不同的情状副词来表达自己的感受，如“侦察员飞步上前”“记者们疾步上前”“服务员快步上前”，三个例句中的情状副词“飞步”“疾步”“快步”在句中都是描摹动作“上前”的速度快，说话人为了表达不同的想法，选用了不同的X步式情状副词。“飞步”的构词体现出比喻的修辞手法，用动作“飞”来描摹走路的速度非常快是对侦察员的赞扬。“疾”的意思是急速，“疾步”突出步伐非常快，没有比喻、夸张的成分，主观性比“飞步”弱，能客观恰当地表现出记者们平日的工作特点，这是说话人对记者职业特征的认识。“快步”纯粹描述服务员的步伐快，主观性最弱，因为服务员的这种行为比较常见，不需要说话人的赞美或认同。从表达赞扬之情到表达认同感，再到客观描述，表达的主观性成分从多到少，这主要是由“飞步”“疾步”“快步”的语义差异决定的。可见，情状副词可以按照语义的主观性强弱分类，对不同类情状副词的选用直接影响到对动作的描摹效果。情状副词修饰动词时表现出的语义特征各不相同，有如下几类：① 隐喻类：鱼跃、蜂拥、龟缩、冰消、鱼贯、一窝蜂、一溜烟、一阵风、一溜风、飞速、飞步等。② 转喻类：粗线条、一口气、粉墨等。③ 重叠强调类：源源、层层、好好、美美、悄悄、耿耿、冉冉等。④（三音节）客观表达类：多侧面、多角度、多途径、高速度、高层次、高频率、大幅度。隐喻类的情状副词在修饰动词的时候以比喻修辞手法来描摹动作的状况，带有夸张的效果，这是说话人对动作采用了隐喻、转喻的描摹方式，如“高级科技人才一窝蜂挤进来”“西班牙队一口气换了7名球员”“出版过程中接连换了好几个编辑人员”“一些大投资银行纷纷挤进能源期货市场”。例句中，“一窝蜂”隐喻高级

笔记

人才挤进来的情形，同时也表达出说话人对这种情况的不认可，因为“一窝蜂”带有贬义色彩。可见，隐喻是说话人对动作行为评价的流露点。“一口气”表示不停地、连续地，转喻的方式有夸张的成分，相比选用“接连”，“一口气”不但更加生动，而且表达出说话人对“换了7名球员”这一行为的惊叹。“纷纷”是重叠式情状副词，重叠是量的增加，即一种主观强调的方式。“纷纷”用强调的方式描摹“挤”的程度，是说话人对客观事实的描摹，并没有表达出对“挤”这一行为的评价，和“一窝蜂”相比，“纷纷”修饰动词时表达出的主观性成分较少。

隐喻式、转喻式、重叠式情状副词语义的主观性比较强。在这三类词中，隐喻式和转喻式情状副词在描摹动作的时候带有比喻、夸张的成分，这正好能满足说话人评价和情感流露的需要，因此主观性最强；而重叠式情状副词的构词方式虽然也表强调，带有主观色彩，但是这种强调属于对客观事实的描述，并非侧重说话人的主观态度或情感，因此主观性较弱。类前缀加双音节语素构成的三音节情状副词描述动作时是对客观事实精准客观的描述，在书面语、科技术语中常见，如“多角度展示了灵长类动物的世界”“另一方面促使太阳外部大幅度地膨胀”，以上两例中的“多角度”“大幅度”具体描述“展示”和“膨胀”的客观状态，说话人没有表达任何立场或者情感。笔者在第5章讨论过，这类词能满足人们对表达精确性的需求，在情状副词中属于主观性最弱的一类。

词汇意义的附加色彩对情状副词情态化有影响。部分情状副词的语义差别不大，但是感情色彩却不同，有明显的褒贬之别，对说话人情感的表达有影响。如“一大批下岗职工也蜂拥挤进证券交易所”“只要有食物就一窝蜂地拥上来”，

笔记

“蜂拥”重在描述“挤”的程度强，没有明显的褒贬色彩；而“一窝蜂”有明显的贬义色彩，在突出行为“挤”的程度时，也表达了对该行为的评价（即盲目性），这样“一窝蜂”语义的附加色彩就反映了说话人的主观情感。语义附加色彩明显的情状副词有：① 褒义色彩的有傲然、昂首、奋力、阔步、妙手、妙声、婷婷等。② 贬义色彩的有草草、大肆、龟缩、斤斤、冷眼、一窝蜂等。如“松树又会同以往一样，婷婷地挺立在那儿”“红柳树身披白雪，傲然挺立”“侵略军大肆洗劫”“冷眼观看同胞落水”。以上例句中，“婷婷”“傲然”的语义具有褒义性，表达说话人对松树和红柳树冬季时姿态的赞扬；“大肆”带有贬义色彩，表达出说话人对洗劫行为的憎恨；同样，“冷眼”表达出说话人对“观看同胞落水”行为的愤怒情绪。

受到自身基本语义和附加义的影响，情状副词在描摹动作的时候表达出不尽相同的语义。基本语义相似的情状副词附加义可能不同，因此说话人所选的情状副词能反映出其对动作行为或事件的主观认知和评价。可见，说话人的认知心理是情状副词主观化、情态化的内在动因。

笔记

6.3 高谓化和关联化

情状副词的特点之一就是对动词的黏附性强。然而随着语言的发展，一些情状副词逐渐可以远离所修饰的动词，表现出高谓化，如“轰轰烈烈地演戏，当场，观众捐钱，热闹红火”“旁观者都会馋涎欲滴，赶巧了，你会看到这样的情景”“妻子低下头来，悄悄地，用了另一个国家的语言对我说”。以上例句中，为了强调动作“捐钱”“看”“说”的性质或状态，情状副词“当场”“赶巧”“悄悄”移至句首单独使用，或凭借助词“了”“地”独立成句，连接着前后两个分句。例句中，“当场”“赶巧了”“悄悄地”是后句的高层谓语，从表达效果来看，是说话人对后句内容的主观评价。

高谓化是情状副词虚化发展的表现。当情状副词的语义虚化，从侧重描摹转向侧重评价，在句中不再黏附动词时，就有发展为句子高层谓语的可能性。如以下两个例句：“父亲非但没有惩罚她，反而亲自为她和那长工完了婚”“一眨眼，一溜烟，跳出了跑道的白线”。例句中“亲自”“一溜烟”更多的是用来表达说话人对整个事件的评价。首先，这两个情状副词和动词的关系松散，“亲自”从“完婚”的前面移到句首，“一溜烟”和“跳”也是分离的。其次，这两个情状副词的功能不但是描摹动作的方式或状态，而且是表达说话人对动作方式或性质的强调。从语义层面来看，即使“亲自”和“一溜烟”在句中缺省，也不影响句义表达，这是两个词充当高层谓语的前提条件。高谓化是“亲自”“一溜烟”继续虚化的表现。

笔记

情状副词关联化、高谓化原因可以归纳为如下两点。一是关联词缺省使情状副词吸收关联作用而呈现出关联化趋势。如：

① 双方应该讨论权力和财富分享等政治问题，但最终还是继续讨论安全问题。和谈只进行了一个小时就草草收场。

② 大会就是在这种纷乱的情况下，连闭幕式都没有举行，草草收场。

例①中“草草”表明收场的仓促性，结构“只……就……”不但强调和谈时间短和收场的仓促，而且使整个句子连贯，“只”强调极点，可以省略，“就”连接极性条件下产生的结果，不能省略。例②中结构“连……都……”所在分句也强调极性条件，但是连接结果分句的“就”没有出现，因此这时候的“草草”在描摹收场性质的同时也吸收了“就”连接分句的关联作用。再如：

③ 随心所欲大肆使用的活页纸，一旦区别颜色，不但日后分类非常麻烦，而且一一区分颜色也很累人。

④ 他在工作日程安排十分紧张的情况下仍挤出时间来到兰迪公司，一一参观了公司各个部门和生产车间。

例③中结构“不但……而且……”表明分句间的递进关系，“一一”仅用来描述“区分”行为的方式。在同样是表示递进关系的例④中，“一一”重在表达参观的方式很仔细，和前句时间紧形成对比，然而这种逻辑关系并没有通过关联词表现出来，迫使“一一”吸收了“虽然……但是……”连接分句的关联作用。

二是情状副词和动词搭配呈现出固化趋势，固定搭配中动词的虚化并脱落会促使情状副词高谓化。以“按理”为例，“按理”在古代汉语和现代汉语中修饰的动词几乎都是“说”，

笔记

“按理说”和“按理”两个词出现的句法位置统计情况如表6-1所示。

表6-1 “按理”等在古代汉语和现代汉语中的用法情况统计

	例句数目	按理+V		按理（来）说/讲			按理		
		按理+说	按理+其他V	分句间	句中	句首	分句间	句中	句首
古代汉语	74	58%	5.4%	5.4%	17.6%	35%	/	/	8%
现代汉语	552	66.8%	0.2%	3.8%	31.9%	31.1%	0.9%	6.2%	25.2%

表6-1显示，在古代汉语和现代汉语中，“按理”与动词“说”的搭配有固化倾向。“说”表达说话人对客观情况的认知，相当于“判断”或者“认为”，“按理说”可以理解为“按照常理判断”“按照常理可以认为”。如：

⑤ 使出这一招——就到啦！按理说孙亮准死无疑，没想到当他躲第二招的时候，仰面冲天摔了个大跟头。

⑥ 回想上赛季的“大逆转”，为最终夺冠打下了基础。按理说，人家的历史已有几十年，球员的“牌”也比咱们大多了。

例⑤⑥中“说”的行为义消失转而表判断，语义虚化，等同于“认为”。当句中出现“认为”时，“说”可以缺省，这时“按理”等同于“按理说”。如：

⑦ 他们成了住民结构中的重要部分，但对旧城的文化影

响却不大。陈来认为，按理，这里应培养起与现代文明大都市地位相称的博大、雍容、雅俗平衡的文化气质。

例⑦中，“说”脱落，脱离动词以后“按理”独立，对后接内容加以评判。再如：

⑧ 我是你笔下的粗人，按理，我得来算这笔账。

⑨ 可是，她的旗语是怎么打的？按理，她用的都是最常用的语句，量又小，在这几天里学会也不是太难。

例⑧⑨中，“按理”脱离动词“说”，位于句中和句首，这在古代汉语中是没有出现过的，现代汉语中这样的用例也只有7.1%左右的比例，可见，其虚化程度比“按理说”低很多，如：

⑩ 圣手昆仑镇东侠侯振远这儿有一把椅子，按理说，老侠侯振远就应该在这椅子上坐着。

⑪ 无论是在大气、土壤和水中，含量都很低，按理说不会影响人体健康。

⑫ 按理说，他也难逃此劫。

例⑩～⑫中，“按理说”和“按理”可以互换，语义不变。可见，“按理”的关联功能还是比较常见的。“说”的虚化和脱落是促使“按理”呈现关联化的重要原因。情态化和关联化是共存的，两者互相促进。如：

⑬ 今天的婚礼，我们医院除了值班的，几乎全去。你上完了课后，顺路去一趟，先感受一下。

例⑬中的“顺路”既有关联作用，也表达了说话人的态度。当“顺路”实指从上课的地方到婚礼现场这段路程不绕路时，突出表达的是上完课和去婚礼现场两个动作之间的承接性，表关联。当“顺路”转指下课后去婚礼现场没有难度时，突出表达的是说话人对去婚礼现场这一行为的支持态度，表情态。

笔记

6.4 小结

情状副词在继续发展的过程中表现出副词虚化发展的相关机制，搭配成分的缺省、自身语义变化、说话人的认知心理是情状副词指称化、陈述化、主观化、情态化、高谓化、关联化的动因。

笔记

结语

情状副词位于名、动、形三类词的交界点上，也正因如此，情状副词与虚副词构成的副词连续统横跨汉语词汇系统的虚实两端，成为副词大类的一个特别之处。情状副词和区别词相似，同为单功能加词，两者之间不可兼类但可以互相转换。现代汉语中重叠式、介宾式情状副词的形成和古代汉语用法有关，“类词缀+N”式情状副词是在现代汉语中产生的。情状副词对所修饰动词在音节数和语义上有限制，与动词搭配或同义词连用形成的搭配有固化趋势，部分已经成词且继续副词化。根据自身语义和附加义的特点，部分情状副词直接描摹动作的情状，部分转喻或隐喻描摹，甚至表达出说话人对事件的主观判断和评价。总的来说，情状副词继续沿着副词化的道路前行。说话人的认知心理导向、搭配成分的缺省以及自身语义的变化都是情状副词继续虚化的动因。

通过对情状副词多方面的观察，笔者力图展示目前情状副词的概况，然而语言的发展是永不停息的，而笔者的观察也没有达到全面的程度，甚至在研究的同时，它们已经发生了些许变化。我们需要不断地关注这类词的发展变化。

笔记

附录

附录1　55个名词和情状副词兼类的词

手工 武力 口头 书面 志愿 义务 暗中 侧面 背后 根本 整体 局部 全部 正步 尖声 厉声 悄声 大声 小声 低声 高声 轻声 细声 柔声 恶言 恶语 妙手 次第 大举 托词 一语 冷眼 怒目 正眼 前脚 后脚 好言 满心 假心 苦心 真心 厉色 正色 明文 批量 死力 全数 全速 慢速 明码 明令 横向 纵向 暗里 微服

附录2　72个动词和情状副词兼类的词

放步 举步 徒步 信步 纵步 应声 缄口 直言 侧耳 充耳 比肩 并肩 扼腕 联手 袖手 携手 闭目 侧目 放眼 刮目 纵目 定神 凝神 屏息 屈膝 昂首 俯首 翘首 决意 潜心 无心 着意 纵情 决计 屈尊 舍命 矢志 顺路 居功 居家 并排 并行 凭栏 托病 相安 相依 相映 照常 照例 照样 放任 厉行 联名 冒名 抢先 仗势 驱车 勠力 轮流 尽力 奋力 辗转 冰消 赤膊 穿梭 蜂拥 龟缩 击节 联袂 埋头 漫天 鱼跃

附录3　184个能直接作状语的形容词

安全 安心 悲壮 被动 不便 不幸 残酷 仓促 草率 猖狂 彻底 沉着 充分 出色 从容 凑巧 大胆 大度 单纯 短暂 恶毒 分散 疯狂 干脆 公平 公正 光荣 广泛 果断 过分 和睦 和谐 合法 合理 缓慢 恍惚 积极 集中 及时 坚决 艰苦 简单 简略 健康 紧张 谨慎 尽心 精确 精心 惊慌 具体 绝对 慷慨 科学 刻苦 肯定 狼狈 牢固 老实 冷静 灵活 隆重 鲁莽 马虎 盲目 猛烈 秘密 密集 密切 勉强 民主 明白 明确 明显 耐心 难得 努力 偶然 便宜 片面 频繁 平安 平常 平等 平均 平稳 迫切 普遍 凄惨 虔诚 强烈 亲切 勤奋 勤俭 轻率 轻松 轻微 清廉 清正 全面 确切 确凿 热诚 热烈 热情 热心 认真 容易 深刻 深切 深入 慎重 实际 适时 顺口 顺利 肃穆 随便 随意 坦诚 坦率 特殊 统一 突然 团结 妥善 顽固 顽强 完好 文明 稳定 细心 显著 险峻 详实 详尽 详细 消极 小心 协调 辛勤 虚心 寻常 迅猛 迅速 严格 严厉 严密 严肃 严重 野蛮 一般 殷切 殷勤 隐蔽 英勇 庸俗 踊跃 勇敢 用功 用心 有力 有效 友好 圆满 着急 真诚 正常 正确 正式 郑重 直观 直接 周密 主动 主观 专心 庄严 壮烈 准时 茁壮 仔细 自觉 自由

附录4　52个区别词和情状副词兼类的词

辨证 超期 超高速 超速 成倍 成批 成片 创造性 大量 大批 单方面 当年 当时 等价 低价 定期 短期 多方面 额外 非法 非正式 高价 高速 共同 畸形 加倍 间接 绝对 历次 历年 连年 廉价 临时 亲身 全部 全局 全速 人为 傻 少量 书面 随身 特价 相对 野 一贯 硬性 永久 真正 正式 直接 长期

附录5　93个区别词和情状副词兼类的词

正式 硬性 头等 同等 大量 少量 大批 专门 初步 额外 局部 高价 平价 议价 廉价 短期 定期 中期 高度 高速 有益 必然 直接 间接 自发 人为 天生 成片 成倍 成批 永久 临时 适时 超龄 超期 真正 共同 快速 整个 急剧 一贯 非法 当时 历次 历年 加倍 亲笔 终身 忘我 无限 无偿 最后 最初 最终 相对 任意 满心 就近 居间 通盘 当下 当面 即兴 即席 急速 全盘 定点 定量 慢速 横向 纵向 连锁 有意识 小批量 无意中 多渠道 多角度 多方位 多层次 大批量 长时间 多侧面 全方位 粗线条 非正式 无条件 单方面 多方面 大规模 大面积 大范围 高效率 高水平

附录6　72个介宾式副词

挨次 挨个 挨户 挨家 挨门 按理 按例 按年 按期 按时 按说 按月 趁便 趁机 趁热 趁势 趁手 趁早 乘便 乘风 乘机 乘时 乘势 乘隙 乘兴 乘虚 从此 从来 从实 从头 从小 从中 当场 当面 当下 当众 赶明儿 赶早 劈脸 劈面 劈头 劈胸 顺便 顺次 顺道 顺口 顺势 顺水 随处 随地 随军 随口 随时 随手 随团 为此 为何 依次 依法 依然 以此 以次 由此 照常 照理 照例 照实 照说 照直 自古 自小 自幼

附录7 14个介宾式副词与其他词类兼类的词

当头 临时 于今 当街 沿街 沿路 沿途 依旧 照旧 照样 顺脚 顺路 顺手 顺风

附录8　53个其他类别的介宾式复合词

顺序 随笔 随身 从前 从先 当初 当口 当日 当时 当世 以往 当地 当腰 沿岸 沿海 沿河 沿湖 沿江 沿线 当间儿 当中 以后 以内 以前 以上 以外 以下 挨肩儿 从缓 从简 从快 从宽 从轻 从俗 从速 从严 从重 从众 当空 当先 临别 临产 临刑 临战 临终 由衷 照办 当红 当紧 从而 因此 因而 于是

附录9　68个名词和情状副词兼类的词

口头 书面 志愿 义务 根本 整体 局部 全部 明码 横向 纵向 暴力 高压 内部 本能 表面 微观 正面 手工 武力 现场 大举 批量 慢速 科技 协议 现金 暗中 侧面 苦心 背后 低声 深情 真心 正步 尖声 厉声 悄声 大声 小声 低声 曼声 假意 满口 一语 冷眼 怒目 正眼 前脚 后脚 好言 满心 假心 厉色 明文 死力 全数 全速 明令 暗里 高声 轻声 细声 柔声 恶言 恶语 妙手 次第

附录10　116个动词和情状副词兼类的词

放步 举步 徒步 信步 纵步 应声 缄口 直言 侧耳 充耳 比肩 并肩 扼腕 联手 袖手 携手 闭目 侧目 放眼 刮目 纵目 定神 凝神 屏息 屈膝 昂首 俯首 翘首 决意 潜心 尢心 着意 纵情 决计 屈尊 舍命 矢志 顺路 居功 居家 并排 并行 凭栏 托病 相安 相依 相映 照常 照例 照样 放任 厉行 联名 冒名 抢先 仗势 驱车 勠力 轮流 尽力 奋力 辗转 冰消 赤膊 穿梭 蜂拥 龟缩 击节 联袂 埋头 漫天 鱼跃 补充 步行 持续 重复 独立 跟踪 放手 放心 分工 分类 封闭 公开 滚动 加快 加速 交叉 交替 联合 冒险 强制 突击 协商 延期 预约 抓紧 综合 保守 趁手 趁早 趁空 当面 顺道 顺风 随军 随团 沿街 沿路 就手 挨个 挨门 乘风 冒死 拼命 迎风

附录11　83个情状副词&形容词

安全 安心 仓促 草率 猖狂 彻底 沉着 充分 从容 大胆 广泛 果断 过分 和睦 公平 短暂 恶毒 分散 疯狂 恍惚 积极 精心 惊慌 刻苦 牢固 盲目 猛烈 秘密 勉强 片面 明确 明显 简略 及时 坚决 迫切 普遍 亲切 轻率 轻松 轻微 全面 热诚 热烈 容易 深刻 深切 认真 深入 慎重 适时 肃穆 茁壮 仔细 自觉 突然 妥善 顽固 顽强 详细 辛勤 虚心 迅猛 迅速 严厉 严密 殷切 殷勤 英勇 踊跃 有效 友好 圆满 正式 郑重 周密 主动 庄严 壮烈 随意 坦诚 坦率

附录12 115个双功能加词

正式 硬性 头等 同等 大量 少量 大批 专门 初步 额外 局部 高价 平价 议价 廉价 短期 定期 中期 高度 高速 有益 必然 直接 间接 自发 人为 天生 成片 成倍 成批 永久 临时 适时 超龄 超期 真正 共同 快速 整个 急剧 一贯 非法 当时 历次 历年 加倍 亲笔 终身 忘我 无限 无偿 最后 最初 最终 相对 任意 满心 就近 一应 居间 通盘 当下 当面 终天 终日 终年 时下 私下 即兴 即席 平日 平素 预先 急速 全盘 定点 定量 慢速 横向 纵向 连锁 有意识 小批量 无意中 多视角 多渠道 多角度 多方位 多层次 大批量 长时间 多侧面 全方位 粗线条 非正式 无条件 单方面 多方面 大规模 大面积 大范围 高效率 高水平 多途径 多视角 多形式 高速度 大剂量 大运动量 大强度 长距离 单层次 等距离 近距离 远距离

附录13 本书中统计的所有情状副词列表（按首字音序分类）

A 挨个 挨家 安步 安然 暗暗 暗里 暗然 黯然 暗中 暗自 按理 按例 按时 按期 昂然 昂首 傲然

B 白白 白手 百般 冰消 不断 辨证 比比 勃然 猝然 怅然 惨然 怆然 秉公 被迫 并力 并肩 比肩 屏息 并排 并行 闭目 拔脚 拔腿 长时间

C 寸步 赤膊 草草 仓皇 怅怅 蠢蠢 怅然 粲然 超然 超额 超负荷 超高速 超远程 粗线条 抽空 成天 成倍 成批 成片 成心 次第 长年 长期 纯粹 彻夜 趁机 趁便 趁势 趁热 乘机 乘便 乘势 乘虚 乘隙 乘兴 垂手 措手 充耳 侧目 侧耳 侧身 促膝 存心 从速 从长 从缓 从简 从宽 从轻 从严 从重

D 大声 大口 大举 大肆 大力 大幅 大胆 大步 大量 大批 低声 低速 斗胆 喋喋 定然 荡然 淡然 断然 多方 动辄 鼎力 独自 独个 当头 当众 当面 当场 当机 当庭 当下 当头 短程 短期 定向 定点 定量 定时 定睛 定神 定期 大幅度 大面积 大批量 大踏步 大规模 多渠道 多层次 多角度 多视角 多方位 多侧面 单方面

E 扼腕 恶言 恶语 扼要

F 放步 放胆 放眼 粉墨 飞速 拂袖 蜂拥 斐然 幡然 翻然 愤然 扶病

奋力 奋勇 负隅 分头 分批 分期 俯首 泛泛 非法 纷纷

G 故步 高声 拱手 肝胆 故意 裹足 龟缩 耿耿 公然 赶紧 赶快 赶忙 挂牌 各自 共同 高速度

H 火速 囫囵 赫然 焕然 涣然 恍然 悍然 豁然 霍然 轰然 哄堂 好生 好歹 互相 互为 横向 好言 好语 胡乱 缓缓

J 举步 疾步 健步 尖声 极口 交口 绝口 缄口 就手 击节 津津 岌岌 遽然 斤斤 截然 决然 迥然 寂然 交替 驾机 精诚 夹道 及早 尽力 极力 竭力 竭诚 紧自 竟自 径自 径直 竞相 借故 借题 借机 交互 即兴 即席 即景 尽量 居间 居中 居家 居功 就便 就近 就地 就势 就手 据实 洁身 精心 假心 决意 决计 急速 急剧 急忙 加倍 加速 间接 接连

K 快步 阔步 空口 溘然 喟然 岿然 慨然 苦心 刻意 快速 苦苦

L 厉声 另眼 连声 朗声 联手 连锁 联袂 联名 临时 临阵 零星 历历 碌碌 厉行 联名 勠力 轮班 轮流 轮番 冷眼 厉词 拦腰 厉色 连日 连夜 连年 连连

M 曼声 妙手 漫天 埋头 盲目 脉脉 默默 漠然 默然 贸然 猛然 蓦然 冒名 慢速 满速 明码 明令 明文 卖身 摩肩 蒙头 满心 免费

N 难免 怒目 凝睛 凝神 凝目 镊足

P 平步 拼命 翩翩 翩然 飘然 平素 平日 破门 破格 批量 凭空 凭栏 凭险 劈脸 劈面 劈胸 盘膝 劈头

Q 轻声 齐声 悄声 亲口 屈驾 屈膝 茕茕 凄然 悄然 悄悄 强行 轻易 抢先 全力 亲自 亲手 亲笔 亲身 亲耳 亲眼 潜然 驱车 全盘 全数 全速 全线 屈尊 屈指 曲意 齐心 倾心 潜心 巧言 全神 前脚 翘首 企足 全方位

R 柔声 冉冉 热切 人为 日夜 如实 如期 如数 日渐 日益 日趋 日见 日臻 任意 任情 锐意 攘臂

S 矢口 顺口 随口 随处 随时 随声 随地 随意 随机 随手 随身 束手

死活 姗姗 潸然 誓死 死力 肃然 倏然 爽然 实地 事前 适度 随笔 肆力 擅自 私自 率先 事先 时下 私下 私自 伺机 顺便 顺次 顺手 顺嘴 顺脚 顺路 顺势 顺理 舍命 死命 矢志 肆意 舍身 失脚 撒腿

T 徒步 同声 同步 弹指 偷眼 唾手 婷婷 偷偷 泰然 颓然 偷空 特地 特为 通力 托病 托故 托词 通盘 特意 停息 徒手 抬脚 挺身 提前 贴身 团团

W 稳步 万般 惘然 蔚然 巍然 微服 无偿 无端 无私 无故 无意 无心 婉言 枉自 忘情 微微 无意识 无形中

X 信步 徐步 小声 细声 信口 信手 携手 循循 悻悻 悻然 欣然 小批量 循序 巡回 悉力 相率 相机 相提 相安 相互 相继 相依 向隅 相互 悉数 蓄意 悉心 袖手 细细 徐徐 寻机 循例

Y 一步 一口 一手 一笔 一晃 一力 一气 一呼 一应 一心 一言 一眼 一头 鱼跃 鱼贯 依稀 依次 依法 依依 扬扬 怏怏 源源 隐隐 怡然 哑然 俨然 油然 嫣然 悠然 毅然 应声 应运 应邀 迎面 迎头 硬性 隐约 优先 预先 由衷 有意 严词 严正 仰天 迎头 远距离 有意识 一窝蜂 一溜烟 一阵风

Z 正步 正色 正眼 纵步 纵身 纵目 纵向 纵情 辗转 孜孜 谆谆 惴惴 昭然 骤然 专程 仗势 着实 着重 中道 专力 照价 照样 照实 照常 照例 照章 照直 终天 终日 终古 终年 终岁 逐一 逐个 逐步 逐条 逐日 逐月 逐年 酌情 着意 执意 恣意 真心 衷心 直言 张嘴 只身 振臂

附录14　清代和民国时期语用情况统计语料库

《案中冤案》[清·董荫狐]　《词说》[晚清·蒋兆兰]　《大鹤山人词话》[清·郑文焯]　《大清三杰》[清·徐哲身]　《古今情海》[1928·曹绣君]　《古戍寒笳记》[1914-1915·叶楚伧]　《广陵潮》[清·李涵秋]　《国史大纲·引论》[1939·钱穆]　《国学讲演录》[1922·章太炎]　《海滨大事记》[1935·林绳武等]　《海外缤纷录》[1933·陈辟邪]　《海绡说词》[1932·陈洵]　《红楼梦辨》[1923·俞平伯]　《红楼梦考证》[1921·胡适]　《红楼梦评论》[1904·王国维]　《花柳易知》[1919·李公彦]　《蕙风词话》[1924·况周颐]　《近代词人逸事》[晚清·张尔田]　《柯亭词论》[清·蔡嵩云]　《梁启超文集》[1873-1929梁启超]　《岭云海日楼诗钞》[1895-1911·丘逢甲]　《留东外史》[1914-1916·不肖生]　《梦蕉亭杂记》[1924·陈夔龙]　《千里命稿》[1935·韦千里]　《强村老人评词》[清·朱祖谋]　《清稗类钞选录》[清·徐珂]　《清朝秘史》[晚清·陆士谔]　《人间词话》[1908-1909·王国维]　《忍古楼词话》[1932·夏敬观]　《如此京华》[1915-1916·叶小凤]　《三国食货志》[1935·陶元珍辑]　《上古秘史》[1936·钟毓龙]　《声执》[1949年6月·陈匪石]　《十叶野闻》[1917·许指严]　《顺治出家》[1933·陈莲痕]　《宋人轶事汇编》[1870-1930·丁传靖辑录]　《台湾旅行记》[1915·丘文鸾、刘范征、谢鸣珂]　《台湾日记》[清·胡铁花]　《台湾通纪》[清·陈衍]　《台湾通史》[1920-1921·连横]　《台湾雾峰林氏族谱》[1935·林献堂等]　《贪官污吏传》[1936·老吏]　《唐代宫廷演义》[清·许啸天]　《同治嫖院》[1937·陈莲痕]　《倭刀记》[1920·程小青]　《卧庐词话》[清·周曾锦]　《武宗逸史》[清末民初·齐东野人]　《湘绮楼评词》[1912·王闿运]　《小三吾亭词话》[清·冒广生]　《新民说》[清·梁启超]　《新世说》[清·易宗夔]　《徐闇公先生年谱》[清末·陈乃乾、陈洙]　《雪鸿泪史》[1914-1916·徐枕亚]　《饮冰室评词》[清末民初·梁启超]　《雍正剑侠图》[清末民初·常杰淼]　《玉栖述雅》[1920-1921·况周颐]　《袁政府秘史》[清·陈逵九]　《粤词雅》[清·潘飞声]　《中国哲学史大纲》[1918·胡适]　《中华民国史事日志》[1912·郭廷以编]

参考文献

[1] 曹保平. 汉语类词缀研究述评[J]. 曲靖师范学院学报，2004（1）：69-72.

[2] 陈宝勤. 汉语副词生源探微[J]. 沈阳大学学报，1998（1）：64-75.

[3] 陈一. 试论专职的动词前加词[J]. 中国语文，1989（1）：32-37.

[4] 陈一. 再论专职的名、动前加成分[J]. 汉语学习，1997（2）：10-14.

[5] 陈宁萍. 现代汉语名词类的扩大[J]. 中国语文，1987（5）：379-389.

[6] 戴浩一. 以认知为基础的汉语功能语法刍议[J]. 国外语言学，1990（4）：21-27.

[7] 刁晏斌. 现代汉语准词缀发展变化的几种模式[J]. 廊坊师范学院学报，2004（3）：4-7.

[8] 董秀芳. 汉语的词库与词法[M]. 北京：北京大学出版社，2004.

[9] 董学军. 汉语词汇语法化原因探析[J]. 台州学院学报，2003（4）：47-49.

[10] 邢福义. 汉语法特点面面观[M].北京：北京语言文化大学出版社，1999.

[11] 封鹏程. 汉语词缀的语义分析[J]. 语文学刊，2004（2）:86-88.

[12] 冯胜利. 汉语的韵律、词法与句法[M]. 北京：北京大学出版社，2005.

[13] 高增霞. 从语法化角度看动词直接作状语[J]. 汉语学习，2004（4）：18-22.

[14] 郭良夫. 现代汉语的前缀和后缀[J]. 中国语文，1983（4）：1-18.

[15] 郭锐. 现代汉语词类研究[M]. 北京：商务印书馆，2002.

[16] 黄河. 常用副词共现时的顺序[C]. 北京：北京大学出版社，1990.

[17] 胡明扬. 词类问题考察[M]. 北京：北京语言学院出版社，1996.

[18] 胡明扬. 汉语词类兼类研究[J]. 语言文字应用，2000（1）：19-24.

[19] 胡壮麟. 认知隐喻学[M].北京：北京大学出版社，2004.

[20] 赖先刚. 语言研究论稿[M]. 上海：学林出版社，2004.

[21] 李梅. 浅论现代汉语区别词[J]. 内江师专学报，1994（3）：26-29.

[22] 李梅. 浅论现代汉语情态、方式副词[J]. 西南民族学院学报（哲学社会科学版），2001（8）：175-177.

[23] 李泉. 汉语语法考察与分析[M]. 北京：北京语言文化大学出版社，2001.

[24] 李铁范. 现代汉语方式词研究[D]. 上海：上海师范大学，2006.

[25] 李宇明. 非谓形容词的词类地位[J]. 中国语文，1996（1）:1-9.

[26] 连佳. 语法化影响下的词尾“然”的构词形式[J]. 株洲工学院学报，2005（5）:48-50.

[27] 林华勇. 现代汉语副词研究回顾[J]. 汉语学习，2003（1）:43-49.

[28] 刘丹青. 语法化中的更新、强化与叠加[J]. 语言研究，2001（2）:71-81.

[29] 刘红妮. 词汇化与语法化[J]. 当代语言学，2010(1)：53-61.

[30] 刘培华. 浅论汉语实词的虚化——兼论兼类词[J]. 新疆教育学院学报，1996（3）：36-40.

[31] 刘瑞明. 词尾“自”和“复”的再讨论[J]. 绵阳师范高等专科学校学报，1997（1）：61-67.

[32] 刘天瑞. 试论现代汉语中词的兼类与词的活用[J]. 四川师范学院学报（哲学社会科学版），1997（1）：62-64.

[33] 刘月华. 状语的分类和多项状语的顺序[C]// 中国语文杂志社. 语法研究和探索[M]. 北京：北京大学出版社，1983：32-56.

[34] 陆丙甫. 从“跳舞”、“必然”的词性到“忽然”、“突然”的区别[J].语言研究，1992（1）:12-18.

[35] 陆丙甫. 语序优势的认知解释（上）[J]. 当代语言学，2005（1）:1-15.

[36] 陆丙甫. 语序优势的认知解释（下）[J]. 当代语言学，2005（2）:132-138.

[37] 吕叔湘. 汉语语法分析问题[M]. 北京：商务印书馆，1979.

[38] 吕叔湘. 现代汉语八百词[M]. 北京：商务印书馆，1980.

[39] 吕叔湘，饶长溶. 试论非谓形容词[J]. 中国语文，1981（2）:163-168.

[40] 马清华. 词汇语法化的动因[J]. 汉语学习，2003（2）：15-20.

[41] 马庆株. 现代汉语词缀的性质、范围和分类[J]. 中国语言学报，1995（6）：101-137.

[42] 庞可慧. 区别词兼类问题分析[J]. 商丘师范学院学报，2003（6）：117-118.

[43] 齐沪扬. 现代汉语空间问题研究[M]. 上海：学林出版社，1998.

[44] 齐沪扬，张谊生，陈昌来. 现代汉语虚词研究综述[M]. 安徽：安徽教育出版社，2002.

[45] 钱乃荣. 现代汉语[M]. 北京：高等教育出版社，1990.

[46] 钱如玉. 情态副词研究综述[J]. 语文学刊，2005（1）:9-12.

[47] 沈家煊. 句法的象似性问题[J]. 外语教学与研究，1993（1）:2-8.

[48] 沈家煊. 语法化研究综观[J]. 外语教学与研究，1994（4）:17-24.

[49] 沈孟璎. 试论新词缀化的汉民族性[J]. 南京师大学报（社会科学版），1995（1）:35-41.

[50] 史金生. 情状副词的类别和共现顺序[J]. 语言研究，2003（4）:1-9.

[51] 宋玲艳. 现代汉语新词语浅论[J]. 北京印刷学院学报，2005（1）:66-68.

[52] 宋柔. 对外汉语教学中的信息资源和信息处理[M]. 北京：北京大学出版社，2008.

[53] 宋卫华. 汉语副词的虚实归属[J]. 青海师范大学学报（哲学社会科学版），1994（2）:96-99.

[54] 孙德金. 现代汉语名词作状语的考察[J]. 语言教学与研究，1995（4）：88-89.

[55] 孙德金. 现代汉语动词作状语考察[J]. 语言教学与研究，1997（3）：116-129.

[56] 孙艳. 现代汉语词缀问题探讨[J]. 河北师范大学学报（哲学社会科学版），2000（3）：55-58.

[57] 汤志祥. 当代汉语词语的共时状况及其嬗变[M]. 上海：复旦大学出版社，2001.

[58] 王保东. 论汉语非谓形容词[J]. 北方论丛，1998（6）：121-123.

[59] 王继红. 重言式状态词的语法化考察[J]. 语言研究，2003（2）：72-79.

[60] 吴福祥. 关于语法化的单向性问题[J]. 当代语言学，2003（4）：307-332.

[61] 吴福祥. 汉语语法化研究[M]. 上海：商务印书馆，2005.

[62] 吴为善. 双音化、语法化和韵律词的再分析[J]. 汉语学习，2003（2）：8-14.

[63] 徐鹏鹏.《朱子语类》中的词尾“然”[J]. 哈尔滨学院学报，2006（4）：84-86.

[64] 杨一飞. 新兴三音节准前缀词的性质、功能与发展[J]. 语言科学，2007（1）：48-57.

[65] 杨一飞. 现代汉语实义副词研究[D]. 上海：上海师范大学，2007.

[66] 袁毓林. 词类范畴的家族相似性[J]. 中国社会科学，1995（1）：154-170.

[67] 袁毓林. 定语顺序的认知解释及其理论蕴涵[J]. 中国社会科学，1999（2）：185-200.

[68] 袁毓林. 多项副词共现的语序原则及其认知解释[C]// 北京大学汉语语言学研究中心《语言学论丛》编委会. 语言学论丛（第26辑）[M]. 北京：商务印书馆,2002:313-339.

[69] 袁毓林. 句子的焦点结构及其对语义解释的影响[J]. 当代语言学，2003（4）:323-338.

[70] 张斌. 现代汉语虚词词典[M].北京：商务印书馆，2001.

[71] 张斌. 新编现代汉语[M]. 上海：复旦大学出版社，2002.

[72] 张斌. 汉语语法学[M]. 上海：上海教育出版社，2003.

[73] 张伯江. 词类活用的功能解释[J]. 中国语文，1994（5）:339-346.

[74] 张翠敏. 汉语新词语词缀化趋势特点及心理基础刍议[J]. 华北电力大学学报（社会科学版），2005（3）:108-111.

[75] 张国宪. 性质、状态和变化[J]. 语言教学与研究，2006（3）:1-11.

[76] 张辉,卢卫中. 认知转喻[M]. 上海：上海外语教育出版社，2010.

[77] 张小平. 当代汉语类词缀辨析[J]. 宁夏大学学报（人文社会科学版），2003（5）:22-25.

[78] 张亚军. 副词与限定描状功能[M]. 安徽：安徽教育出版社，2002.

[79] 张谊生. 副词与状词的区别[J]. 汉语学习，1995（1）:11-15.

[80] 张谊生. 现代汉语副词研究[M]. 上海：学林出版社，2000.

[81] 张谊生. 当代新词“零X”词族探微[J]. 语言文字应用，2003（1）:96-103.

[82] 张谊生. 现代汉语副词探索[M]. 上海：学林出版社，2004.

[83] 张谊生. 现代汉语副词阐释[M]. 上海：上海三联书店，2017.

[84] 赵元任. 汉语口语语法[M]. 北京：商务印书馆，1979.

[85] 郑桦. 词义引申与实词语法化[J]. 宁夏大学学报（人文社会科学版），2005（1）:25-31.

[86] 周文. 汉语新词语缀化特征及其分析[J]. 江汉大学学报（人文社会科学版），2002（4）:31-33.

[87] 朱德熙. 语法讲义[M]. 北京：商务印书馆，1982.

[88] 朱德熙. 语法答问[M]. 北京：商务印书馆，1985.

[89] 朱宏一. 汉语词缀的定义、范围、特点和识别[J]. 语文研究，2004（4）:32-37.

[90] 朱亚军. 现代汉语词缀的性质及其分类研究[J]. 汉语学习，2001（2）:24-28.